Edelgard Moers

Spiele für Erstklässler

schnell und einfach – abwechslungsreich –
für den täglichen Einsatz in Klasse 1

Gedruckt auf umweltbewusst gefertigtem, chlorfrei gebleichtem und alterungsbeständigem Papier.

2. Auflage 2019
© 2018 Auer Verlag, Augsburg
AAP Lehrerfachverlage GmbH
Alle Rechte vorbehalten.

Covergestaltung: Nicole Reisner, Augsburg
Illustrationen: Corina Beurenmeister
Satz: Fotosatz H. Buck, Kumhausen
Druck und Bindung: Korrekt Nyomdaipari Kft, Budapest
ISBN 978-3-403-**08145**-6

www.auer-verlag.de

Spiele zum Eingewöhnen in der Schule, zum Kennenlernen, Anfreunden, für die Klassengemeinschaft, zum Einüben von Regeln und zum Kommunizieren

Begrüßungsspiel

Ziel: Die Kinder lernen die Namen ihrer Mitschüler, formulieren einen Wunsch für den Tag und entwickeln ihre Empathiefähigkeit weiter.

Anleitung:
Die Kinder stehen im Kreis. Das erste Kind dreht sich zu dem rechts von ihm stehenden Kind, gibt ihm die Hand, begrüßt es mit seinem Namen, sagt ihm etwas Freundliches oder worüber es sich freut, z.B. „Guten Morgen, Jakob, ich freue mich, dass du da bist, weil du immer so lustig bist." oder: „Guten Morgen, Emma, ich freue mich, dass du wieder gesund bist, weil du uns in der Klasse gefehlt hast."

Wenn die Kinder sich schon etwas besser kennen, kann ein zweiter Satz angehängt werden, in dem ein Kind dem anderen etwas wünscht, z.B. „Ich wünsche dir, dass du heute Nachmittag viel Zeit zum Spielen hast." oder: „Ich wünsche dir heute Nachmittag viel Spaß bei deiner Oma."

Platz tauschen

Ziel: Die Kinder entwickeln ihre Wahrnehmung, ihr Gemeinschaftsgefühl und die Freude am Spiel weiter.

Anleitung:
Die Kinder sitzen im Stuhlkreis. Ein Kind (A) beginnt und zwinkert einem gegenübersitzenden Kind (B) zu. Das bedeutet, dass die beiden den Platz tauschen. Nun zwinkert Kind B einem anderen Kind zu und tauscht mit ihm den Platz. So geht es immer weiter, bis alle Kinder einmal den Platz gewechselt haben.

Wenn die Kinder die Namen ihrer Mitschüler bereits kennen, sagt Kind A: „Ich tausche meinen Platz mit …".

Edelgard Moers: Spiele für Erstklässler
© Auer Verlag

Spiele zum Eingewöhnen in der Schule, zum Kennenlernen, Anfreunden, für die Klassengemeinschaft, zum Einüben von Regeln und zum Kommunizieren

5

Achtsamkeitsspiel

Ziel: Die Kinder vertiefen ihre Fremdwahrnehmung und ihre Freude am Spiel weiter.

Anleitung:
Die Kinder sitzen im Kreis. Ein Kind beginnt, spricht ein anderes Kind mit seinem Namen an, bekundet, dass es seinen Mitschüler wahrgenommen hat, und sagt: „Ich freue mich, dass du in meiner Klasse bist, weil …". Es nennt eine Eigenschaft oder eine Verhaltensweise, die ihm an diesem Kind gefällt oder irgendetwas, was es mit diesem Kind in positiver Weise verbindet.
Das Spiel ist zu Ende, wenn jedem Kind mindestens einmal etwas Freundliches gesagt worden ist.

Schnick, schnack, schnuck

Ziel: Die Kinder erweitern ihre Wahrnehmungsfähigkeit und Reaktionsschnelligkeit und sie akzeptieren die Entscheidung durch das Spiel.

Anleitung:
Wenn zwei Kinder schnell entscheiden müssen, wer beginnt, können sie das bekannte Spiel durchführen. Sie haben die Wahl zwischen Schere, Stein, Papier oder Brunnen.

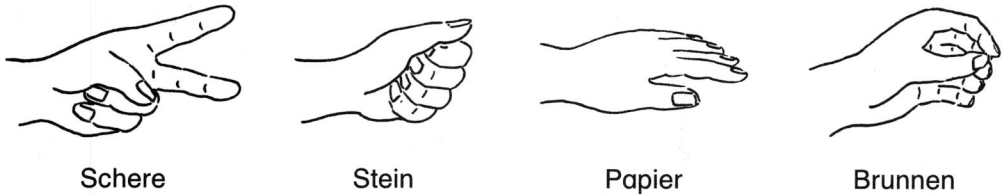

| Schere | Stein | Papier | Brunnen |

Die beiden Spieler wählen je eine der vier Möglichkeiten gleichzeitig.
Da jedes Symbol gegen ein anderes gewinnen oder verlieren kann, steht immer einer der Spieler als Gewinner fest. Nur wenn beide das gleiche Symbol ausgewählt haben, steht es unentschieden und das Spiel wird wiederholt.

- Schere kann das Papier durchschneiden (Schere gewinnt).
- Das Papier kann den Stein einwickeln (Papier gewinnt).
- Das Papier kann den Brunnen abdecken (Papier gewinnt).
- Der Stein kann die Schere stumpf machen (Stein gewinnt).
- Der Stein kann in den Brunnen fallen (Brunnen gewinnt).
- Die Schere kann in den Brunnen fallen (Brunnen gewinnt).

Edelgard Moers: Spiele für Erstklässler
© Auer Verlag

Spiele zum Eingewöhnen in der Schule, zum Kennenlernen, Anfreunden, für die Klassengemeinschaft, zum Einüben von Regeln und zum Kommunizieren

Freier Stuhl

Ziel: Die Kinder erweitern ihre Wahrnehmung, beschreiben andere Mitschüler und lernen die Namen kennen.

Anleitung:
Der Lehrer und die Kinder stellen die Stühle im Kreis auf. Ein zusätzlicher Stuhl muss dazugestellt werden. Der Lehrer setzt sich so, dass der Stuhl rechts neben ihm frei ist. Er klopft auf den freien Stuhl neben sich und sagt: „Der Stuhl hier neben mir ist leer. Ich bitte den Jungen … / das Mädchen … hierher." Er beschreibt ein Kind. Wenn sich das Kind selbst erkannt hat, sagt es seinen Namen, z. B. „Ja, das ist Mia.", und setzt sich auf den freien Stuhl. Jetzt darf das Kind, dessen rechter Platz nun frei ist, ein anderes Kind bitten und sagt ebenfalls: „Der Stuhl hier neben mir ist leer. Ich bitte den Jungen … / das Mädchen … hierher." So geht es immer weiter.

Die Kinder sollen nicht mehrmals das gleiche Kind auswählen und niemanden bevorzugen, sondern dafür Sorge tragen, dass alle Kinder gleichbehandelt werden. Das Spiel kann zehn Minuten lang gespielt werden und ist beendet, sobald jedes Kind einmal genannt worden ist.

Schuhe zuordnen

Ziel: Die Kinder der Klasse lernen sich näher kennen und werden auf Besonderheiten aufmerksam.

Anleitung:
Die Kinder ziehen ihre Schuhe aus und legen sie auf einen Haufen. Sie setzen sich in einen Stuhlkreis.
Ein Kind wird bestimmt. Es geht zum Schuhhaufen, sucht ein Paar aus und gibt sie demjenigen, dem die Schuhe möglicherweise gehören. Nun darf das Kind, das seine Schuhe zurückbekommt, ein Paar aus dem Haufen auswählen und dem Schuhbesitzer geben. Dann ist das Kind an der Reihe, das nun seine Schuhe hat. So geht es immer weiter. Wenn die Schuhe nicht dem Kind gehören, dürfen die anderen helfen.
Das Spiel ist zu Ende, wenn alle Kinder ihre Schuhe zurückbekommen haben.

Spiele zum Eingewöhnen in der Schule, zum Kennenlernen, Anfreunden, für die Klassengemeinschaft, zum Einüben von Regeln und zum Kommunizieren

7

Ein Ball für Lena

Ziel: Die Kinder der Klasse lernen ihre Namen kennen und entwickeln ihre Freude am Spiel weiter.

Anleitung:
Für dieses Spiel wird ein Ball benötigt.
Die Kinder sitzen im Sitzkreis entweder auf dem Stuhl oder auf dem Boden. Der Lehrer hat den Ball in der Hand.
Er ruft den Satz „Der Ball ist für …" und wirft den Ball diesem Kind zu. Das Kind fängt den Ball, wählt ein anderes Kind aus, ruft den Satz „Der Ball ist für …" und wirft ihn diesem Kind zu. So geht es immer weiter, bis alle Kinder einmal den Ball hatten. Das Spiel dauert nur wenige Minuten und kann dann noch einmal wiederholt werden.

Immer zwei

Ziel: Die Kinder lernen sich näher kennen, berühren sich und werden für Partnerarbeit sensibilisiert.

Anleitung:
Die Kinder finden sich zu zweit zusammen.
Sie machen eine Partnerübung, z. B.:
* Die beiden Partner stehen Rücken an Rücken und haken sich mit den Armen ein. Sie setzen sich auf den Boden, stehen gleichzeitig auf, setzen sich wieder auf den Boden und stehen wieder gleichzeitig auf.
* Die beiden Partner stehen Rücken an Rücken und haken sich mit den Armen ein. Sie beugen sich abwechselnd nach vorne und heben den anderen dadurch hoch.
* Die beiden Partner stehen Rücken an Rücken und haken sich mit den Armen ein. Sie laufen ein Stück, wobei immer abwechselnd mal der eine einige Schritte in seine Richtung führen darf und dann der andere.
* Ein Kind stellt die Schubkarre dar und läuft auf den Händen. Das andere Kind hält die „Schubkarre" an den Unterschenkeln fest. Nach einigen Metern wird gewechselt.

Edelgard Moers: Spiele für Erstklässler
© Auer Verlag

Spiele zum Eingewöhnen in der Schule, zum Kennenlernen, Anfreunden, für die Klassengemeinschaft, zum Einüben von Regeln und zum Kommunizieren

Hänschen, piep mal

Ziel: Die Kinder lernen sich näher kennen.

Anleitung:
Die Kinder sitzen im Stuhlkreis. Ein Kind wird ausgewählt. Der Lehrer verbindet ihm die Augen. Das Kind geht in die Mitte, tastet sich vorwärts, berührt einen Mitschüler und sagt: „Hänschen, piep mal!" Dieser antwortet: „Piep." Wenn der Blinde seinen Mitschüler nicht erkennt, geht er zum nächsten Kind und sagt noch einmal: „Hänschen, piep mal!" Wenn der Blinde seinen Mitschüler erkannt und richtig benannt hat, darf er sich auf dessen Platz setzen. Dieses Kind ist nun der neue Blinde.

Bewegungen erraten

Ziel: Die Kinder sollen ihre Wahrnehmungsfähigkeit und das Gemeinschaftsgefühl erweitern.

Anleitung:
Die Kinder stehen im Kreis. Ein Kind geht in die Mitte und stellt einen Gegenstand, ein Hobby oder ein Gefühl durch eine Bewegung dar. Die anderen sollen erraten, worum es sich handelt. Der Erste, der es erraten hat, bekommt einen Punkt. Dann ist das nächste Kind an der Reihe. Wer die meisten Punkte hat, ist Sieger.

Was ich am Wochenende gemacht habe

Ziel: Die Kinder können sich den anderen mitteilen, stellen durch eine Bewegung dar, was sie am Wochenende gemacht haben, und entwickeln ihre Freude an der Darstellung weiter.

Anleitung:
Die Kinder sitzen im Kreis. Sie stellen der Reihe nach in einer Bewegung oder durch eine Körperhaltung dar, was sie am Wochenende gemacht haben. Die anderen Kinder sollen erraten, wie das Kind die Freizeit verbracht hat. Erst wenn alle Kinder vorgestellt haben, was sie am Wochenende gemacht haben, ist das Spiel zu Ende.

Das Spiel kann dann eingesetzt werden, wenn es viel zu erzählen gibt.

Spiele zum Eingewöhnen in der Schule, zum Kennenlernen, Anfreunden, für die Klassengemeinschaft, zum Einüben von Regeln und zum Kommunizieren

9

Ich male etwas an die Tafel

Ziel: Die Kinder erweitern ihre Wahrnehmungs- und Reaktionsfähigkeit.

Anleitung:
Der Lehrer malt etwas an die Tafel. Das Kind, das als Erstes erkennt, was es werden soll, darf das nächste Bild malen.
Der Malende dreht sich während des Malens immer wieder zu den anderen Kindern um, um festzustellen, wer schon etwas vermuten möchte. Die Kinder sollen nicht in die Klasse hineinrufen, sondern sich melden.

Spieglein, Spieglein

Ziel: Die Kinder erweitern ihre Wahrnehmungsfähigkeit.

Anleitung:
Die Kinder finden sich mit einem Partner zusammen. Die beiden stellen sich einander gegenüber. Ein Kind macht Bewegungen und Verrenkungen auf der Stelle. Das andere Kind stellt das Spiegelbild dar und macht zeitgleich alles nach, was es sieht, aber spiegelverkehrt.
Nach einigen Minuten wird gewechselt.

Und wer im Januar geboren ist

Ziel: Die Kinder machen sich ihr eigenes Geburtsdatum bewusst, lernen die der anderen kennen und stellen Gemeinsamkeiten und Unterschiede fest.

Anleitung:
Die Kinder stehen im Kreis. Der Lehrer stimmt den Liedtext „Und wer im Januar geboren ist" an, den er mit eigenen Worten etwas verändern und modernisieren kann. Die Geburtstagskinder des genannten Monats treten in den Kreis und können dort einen Knicks oder eine Verbeugung machen, wie ein Hampelmann hüpfen oder sich linksherum und rechtsherum drehen. Die zuschauenden Kinder klatschen zu den Bewegungen der Geburtstagskinder. Dann gehen die Geburtstagskinder wieder in den Kreis zurück und der Lehrer leitet zur nächsten Strophe über. Nun gehen die Kinder, die im folgenden Monat geboren sind, in den Kreis. Das Spiel ist nach der Dezemberstrophe zu Ende, wenn alle Kinder einmal in den Kreis getreten sind und sich dort bewegt haben.

Der Lehrer notiert sich im Vorfeld die Geburtstage der Kinder auf einem Zettel und überprüft mithilfe dieses Zettels während des Spiels, ob alle Schüler, die im genannten Monat Geburtstag haben, in den Kreis getreten sind. Mindestens eine halbe Minute

Edelgard Moers: Spiele für Erstklässler
© Auer Verlag

lang kann er den Geburtstagskindern die Möglichkeit geben, hervorzutreten und sich von den anderen beklatschen zu lassen.

Der Text kann rhythmisch gesprochen oder aber gesungen werden.

Und wer im Januar geboren ist

Text/Musik: Volksgut

Vorschläge für veränderte/modernisierte Liedtexte:

Das Kind, das im Januar geboren ist,
tritt ein, tritt ein, tritt ein! Es macht die Verbeugung für euch so tief, so tief, ja, so
tief. Und wir klatschen zum Geburtstag.
Und wir klatschen zum Geburtstag.

Das Kind, das im Januar geboren ist,
tritt ein, tritt ein, tritt ein! Es streckt seine
Arme hinauf so hoch, so hoch, ja, so
hoch. Und wir klatschen zum Geburtstag.
Und wir klatschen zum Geburtstag.

Das Kind, das im Januar geboren ist,
tritt ein, tritt ein, tritt ein! Es tanzt hier im
Kreise herum so schön, so schön, ja, so
schön. Und wir klatschen zum Geburtstag.
Und wir klatschen zum Geburtstag.

Spiele zum Eingewöhnen in der Schule, zum Kennenlernen, Anfreunden, für die Klassengemeinschaft,
zum Einüben von Regeln und zum Kommunizieren

11

Geburtstagsspiel

Ziel: Die Kinder machen sich ihren eigenen Geburtstag bewusst, erfahren die Daten der anderen, stellen Gemeinsamkeiten und Unterschiede fest, erweitern ihren Gemeinschaftssinn und ihre Freude am Spiel.

Anleitung:
Die Kinder sitzen an ihrem Platz.
Der Lehrer spricht langsam den Vierzeiler für das Geburtstagsspiel, der für jeden weiteren Monat wiederholt wird:

> Und wenn dein Geburtstag im Januar ist,
> dann laufe nun durch diesen Raum
> und zeige den anderen, wer du nun bist,
> denn unsichtbar bist du wohl kaum.

Bei der Nennung des Geburtsmonats laufen die Kinder, die in dem Monat Geburtstag haben, quer durch die Klasse an den Tischen vorbei, machen ein freundliches Gesicht, verbeugen sich möglicherweise vor anderen Kindern und werden von allen beklatscht. Erst wenn die Kinder wieder sitzen, spricht der Lehrer die nächste Strophe.

Armer, schwarzer Kater

Ziel: Die Kinder erweitern ihre Wahrnehmungsfähigkeit, ihr Gemeinschaftsgefühl und die Freude am Spiel.

Anleitung:
Alle Kinder sitzen im Kreis. Ein Kind wird bestimmt, das den „Kater" darstellen soll. Der „Kater" läuft von einem Kind zum nächsten, miaut und bleibt vor einem Kind stehen. Das ausgewählte Kind muss dem „Kater" über den Kopf streicheln und dreimal deutlich „armer, schwarzer Kater" sagen, ohne dabei zu lachen. Wenn das ausgewählte Kind es geschafft hat, nicht zu lachen, muss der „Kater" ein anderes Kind auswählen. Auch dieses Kind muss ihn streicheln und „armer, schwarzer Kater" sagen, ohne zu lachen. Niemand darf gekitzelt werden. Aber der Kater darf Grimassen ziehen. Wenn ein Kind nicht klar und deutlich „armer, schwarzer Kater" sagen kann, weil es dabei ein Lachen unterdrücken muss, ist dieses Kind der „Kater".

Edelgard Moers: Spiele für Erstklässler
© Auer Verlag

Regeln üben

Ziel: Die Kinder üben und verinnerlichen durch das schrittweise Vorgehen Regeln oder Abläufe.

Anleitung:
Für dieses Spiel werden fünf Reifen benötigt.

Die Kinder haben im Unterricht die einzelnen Schritte für eine freundliche Kommunikation mit einem Partner gelernt und auch in konkreten Gesprächen mit einem Partner erprobt.

- Erster Schritt: Ich lasse meinen Gesprächspartner ausreden.
- Zweiter Schritt: Ich schaue ihn freundlich an und höre ihm genau zu.
- Dritter Schritt: Ich stelle ihm mehrere Fragen.
- Vierter Schritt: Ich höre ihm bei den Antworten genau zu und frage noch einmal nach, wenn mir etwas nicht klar ist.
- Fünfter Schritt: Ich sage ihm, was mir gefallen und was mir nicht behagt hat.

Dabei haben die Kinder z. B. von einem Erlebnis am Wochenende erzählt, wobei der gegenübersitzende Gesprächspartner die fünf Schritte beachtet hat. Anschließend ist gewechselt worden. Der Lehrer legt für das Spiel nun fünf Reifen nebeneinander, die die fünf Schritte symbolisieren.

Das erste Kind geht (langsam) in den ersten Reifen, stellt sich mit beiden Füßen hinein und sagt: „Erster Schritt: Ich lasse meinen Gesprächspartner ausreden." Dann geht es in den nächsten Reifen und sagt den Satz des zweiten Schritts. Wenn das Kind in allen fünf Reifen war und den jeweiligen Satz gesagt hat, klatscht es ein anderes Kind ab, das nun an der Reihe ist. Wenn ein Kind den Text vergessen hat, dürfen seine Mitschüler helfen.

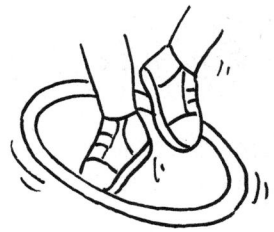

Das Spiel kann auch für das Lernen von Wochentagen oder Monaten genutzt werden, die dann durch sieben bzw. zwölf Reifen symbolisiert werden.

Edelgard Moers: Spiele für Erstklässler
© Auer Verlag

Spiele zum Eingewöhnen in der Schule, zum Kennenlernen, Anfreunden, für die Klassengemeinschaft, zum Einüben von Regeln und zum Kommunizieren

13

Die Betreuer passen auf

Ziel: Die Kinder werden auf Regeln aufmerksam.

Anleitung:
Die Kinder haben zuvor bereits schrittweise gelernt, freundlich mit einem Partner zu kommunizieren, und die Regeln durch das Spiel „Regeln üben" verinnerlicht.

Nun sitzen sich immer zwei Kinder als Gesprächspartner gegenüber (als „Erzähler" und „Zuhörer"). Neben dem Zuhörer sitzt ein weiteres Kind als „Betreuer". Es passt auf, dass sich der Zuhörer an die fünf Schritte (siehe Spiel „Regeln üben") hält.

Das Spiel beginnt damit, dass der Erzähler drei Minuten von einem besonderen Erlebnis (von seiner Geburtstagsfeier, von einem Ausflug o. Ä.) erzählt. Der Zuhörer hält sich währenddessen an die fünf Schritte. Gelingt ihm dies, streichelt der Betreuer ihm anerkennend über die Schulter. Bricht er eine Regel, klopft ihm der Betreuer mit dem Zeigefinger auf den Rücken.

Anschließend wechseln die beiden Gesprächspartner ihre Rollen und der Betreuer passt beim neuen Zuhörer auf, ob er sich an die Regeln hält.

Schatz verstecken

Ziel: Die Kinder erweitern ihr Gemeinschaftsgefühl und die Freude am Spiel.

Anleitung:
Die Kinder einigen sich auf einen Gegenstand, der der „Schatz" sein soll.

Ein Kind verlässt die Klasse. Die anderen Kinder beraten, wo der Schatz versteckt werden könnte. Wenn der Gegenstand nicht mehr zu sehen ist und alle Kinder am Platz sitzen, darf das Kind wieder in die Klasse. Es muss nun herausfinden, wo der Gegenstand versteckt ist. Die anderen Kinder dürfen nichts verraten und müssen darauf achten, nicht auffällig zum Versteck zu schauen. Sie sollen mit den Äußerungen „kalt", „lauwarm", „warm" und „heiß" dem Schatzsucher sagen, ob er in die richtige Richtung läuft. Findet der Schatzsucher den Schatz nicht innerhalb einer vorher festgelegten Zeit, wird das Versteck verraten.
Wenn das Kind den Gegenstand gefunden hat, ist ein anderes Kind an der Reihe, das den erneut versteckten Schatz suchen muss.

Edelgard Moers: Spiele für Erstklässler
© Auer Verlag

Ich sehe was, was du nicht siehst

Ziel: Die Kinder erweitern Wahrnehmungsfähigkeit und ihre Freude am gemeinsamen Spiel.

Anleitung:
Die Kinder sitzen im Stuhlkreis. Ein Kind darf einen Gegenstand auswählen, den die anderen erraten sollen. Der Gegenstand muss für alle Kinder sichtbar sein. Das Kind sollte den Gegenstand dem Lehrer vorab ins Ohr flüstern, damit es tatsächlich dabei bleibt und nicht während des Spiel wechselt.
Auf ein Signal sagt das Kind: „Ich sehe was, was du nicht siehst, und das ist …". Dabei nennt es die Farbe, die der Gegenstand hat. Die anderen Kinder raten, um welchen Gegenstand es sich handelt. Wenn die Kinder ihn auch nach längerer Zeit nicht erraten, muss das Kind nähere Auskünfte geben, z. B. kann es die Entfernung durch „kalt" oder „warm" deutlich machen oder erklären, wofür er benötigt wird. Das Kind, das den Gegenstand errät, ist nun an der Reihe.

Ich mag dich

Ziel: Die Kinder erweitern ihre Fremdwahrnehmung, ihre Empathiefähigkeit und ihre Freude am Spiel.

Anleitung:
Ein Stuhl steht in der Klasse und ist leer. Die Kinder sitzen im Halbkreis davor. Der Lehrer bittet ein Kind, sich auf den freien Stuhl zu setzen. Die anderen Kinder sagen einen Satz, in dem sie dem Kind etwas Freundliches mitteilen. Sie können z. B. sagen „Ich mag deine schönen Haare", „Du bist immer sehr freundlich", „Du bist lustig", „Ich finde dich sehr nett", … Das Kind, dem sie etwas Nettes gesagt haben, darf nun ein anderes Kind wählen, das sich auf den Stuhl setzen kann. Das Spiel ist zu Ende, wenn alle Kinder wertgeschätzt worden sind. Die Kinder sollen ihre Äußerungen konkret auf ein Kind beziehen und möglichst nicht allgemeine und oberflächliche Floskeln verwenden. Ein Durchgang dauert je nach Gruppengröße etwa zehn bis fünfzehn Minuten.

Edelgard Moers: Spiele für Erstklässler
© Auer Verlag

Spiele zum Eingewöhnen in der Schule, zum Kennenlernen, Anfreunden, für die Klassengemeinschaft, zum Einüben von Regeln und zum Kommunizieren

15

Wahrheit oder Lüge

Ziel: Die Kinder lernen sich näher kennen und können Wahrheit oder Lüge einschätzen.

Anleitung:
Die Kinder sitzen im Kreis. Ein Kind beginnt und erzählt in zwei Minuten eine Geschichte. Die anderen Kinder sollen raten, ob die Geschichte wahr ist oder ob sie gelogen ist. Das Kind, das richtig rät, erzählt nun selbst eine Geschichte. Die anderen raten, ob sie wahr oder gelogen ist. So geht es immer weiter. Das Spiel kann durchaus eine ganze Schulstunde dauern und ist für den letzten Schultag vor den Ferien sehr geeignet, sollte aber am Anfang zehn Minuten nicht überschreiten.

Eine Sanduhr kann helfen, die Zeit einzuhalten.

Taler, Taler, du musst wandern

Ziel: Die Kinder agieren in der Gruppe und entwickeln ihr Gemeinschaftsgefühl weiter.

Anleitung:
Die Kinder stellen sich in einen Kreis. Ein Kind hält zwischen seinen beiden Handflächen eine Münze oder ein Plättchen. Ein anderes Kind steht außerhalb des Kreises und muss aufpassen. Es soll später erraten, wer den Taler erhalten hat.
Die Kinder im Kreis falten die Hände so vor dem Bauch, dass die Handflächen oben offen und unten zu sind. Nun beginnen alle, das Lied „Taler, Taler, du musst wandern" zu singen.

Während des Singens geht das Kind mit dem Taler von Kind zu Kind und hält seine geschlossenen Handflächen an die geöffneten der anderen Kinder im Kreis. Irgendwann lässt das Kind den Taler in die Hände eines Kindes fallen. Das Kind, das jetzt den Taler hat, darf es sich nicht anmerken lassen. Wenn das Lied zu Ende gesungen ist, muss das Kind, das außerhalb steht, sagen, wer den Taler erhalten hat. Wenn es richtig geraten hat, dann darf es im nächsten Durchgang den Taler selbst wandern lassen. Hat es falsch geraten, darf das Kind, das den Taler in der Hand hat, den Taler wandern lassen.

Jeder spielt alle Rollen

Ziel: Die Kinder erleben sich im Rollenspiel sowohl in der Rolle des Mobbers als auch in der des Gemobbten, werden sich der unterschiedlichen Gefühle bewusst und finden eine Fortsetzung.

Anleitung:
Der Lehrer beschreibt eine negative Situation, die die Kinder im Rollenspiel mit einer selbstgewählten kurzen Fortsetzung nachstellen, z. B.:

- Lara und Jakob stehen zusammen und reden über Tina, die aus einiger Entfernung zu ihnen schaut. Die beiden sehen das Mädchen an und lachen. Tina geht traurig weg.
- Tim und Leon stehen zusammen. Jakob steht etwas abseits und schaut zu den beiden herüber. Da sagt Leon: „Tim, meinst du nicht auch, dass der Kleine ziemlich blöd aus der Wäsche guckt?" Daraufhin antwortet Tim: „Ja, Leon, jetzt wo du das so sagst, merke ich es auch. Der Kleine guckt wirklich ziemlich blöd aus der Wäsche."
- Kai ist auf dem Weg zur Schule. Da versperrt ihm Momo den Weg. Momo will einen Euro haben. Doch Kai hat kein Geld dabei. Da nimmt Momo den neuen Füller aus Kais Etui und droht ihm, dass etwas Schlimmes passiert, wenn er davon einem anderen erzählt.
- Toni hat im Kunstunterricht ein Bild mit Wasserfarbe gemalt. Da kommt Lisa an seinem Platz vorbei und stößt den Wasserbecher um, sodass sich das Wasser über das Bild ergießt.

Die Kinder bilden je nach ausgewählter Situation Kleingruppen aus zwei bis vier Schülern. Sie verteilen die Rollen und spielen die Szene nach. Dann denken sie sich eine Lösung aus und spielen sie ebenfalls. Anschließend wechseln sie die Rollen und spielen die Situation noch einmal, bis jedes Kind einmal in jede Rolle geschlüpft ist.

Im Klassenverbund sprechen die Kinder über die einzelnen Szenen, welche Lösungen sie gefunden haben, ob es noch andere gibt und welche ihnen am besten gefallen hat. Die Kinder, die die jeweilige Szene gespielt haben, erzählen von ihren Gedanken und Gefühlen in den unterschiedlichen Rollen.

Spiele zum Eingewöhnen in der Schule, zum Kennenlernen, Anfreunden, für die Klassengemeinschaft, zum Einüben von Regeln und zum Kommunizieren

17

Mäuse-Sanitäter

Ziel: Die Kinder entwickeln ihre Wahrnehmungs- und Empathiefähigkeit weiter.

Anleitung:
Für dieses Spiel wird ein Ball benötigt.
Ein Kind spielt eine Katze. Vier Kinder spielen die Sanitäter. Die restlichen Kinder stellen die Mäuse dar. Die Katze soll die Mäuse fangen, d. h. sie hat den Ball und wirft die Mäuse ab. Jede Maus, die mit dem Ball getroffen wird, bleibt regungslos stehen. Die Mäuse-Sanitäter transportieren sofort jede getroffene Maus an den Spielfeldrand und „päppeln" sie in wenigen Sekunden wieder auf, sodass sie schnell wieder am Spiel teilnehmen kann. Wenn die Katze es schafft, alle Mäuse mit dem Ball zu treffen, ist die letzte verbliebene Maus die neue Katze.

Falls es die Katze nach einer vorher vereinbarten Zeit (z. B. zehn Minuten) nicht schafft, alle Mäuse zu treffen, kann ein anderes Kind als Katze bestimmt werden.

Unter der Lupe

Ziel: Die Kinder machen sich die Ursache von Konflikten bewusst und werden sensibilisiert, Lösungen zu finden.

Anleitung:
Die Kinder nennen eine Streitsituation zwischen zwei Schülern, die in der Klasse passiert und noch nicht gelöst ist.

Der Lehrer stellt zwei Stühle im Abstand von zwei bis drei Metern einander gegenüber und setzt sich mit seinem Stuhl dazwischen. Die beiden Kinder, die in den Streit verwickelt sind, setzen sich auf die zwei Stühle.

Nun wird der Streit schrittweise unter die Lupe genommen:

1. Die beiden „Streithähne" schildern nacheinander die Streitsituation. Dabei darf kein anderes Kind mit Zwischenrufen stören.
2. Der Lehrer fragt die zuschauenden Kinder, ob sie etwas ergänzen möchten. Niemand, der etwas vorzubringen hat, darf unterbrochen werden.
3. Der Lehrer bittet die zuschauenden Kinder, den „Streithähnen" einen Tipp für eine Lösung zu geben. Niemand darf die Tipps kommentieren.
4. Der Lehrer fragt die beiden „Streithähne", welcher Tipp ihnen gefallen hat und ihnen weiterhilft, um ihren Streit zu klären.
5. Der Lehrer erkundigt sich bei den beiden, ob sie noch Klärungsbedarf haben oder ob ihr Konflikt gelöst ist.

Edelgard Moers: Spiele für Erstklässler
© Auer Verlag

Ist der Streit noch nicht beendet, werden die Schritte noch einmal konsequent durchgespielt.

Wichtig ist, den Streit zu versachlichen und jedem Kind die Möglichkeit zu geben, seine Sichtweise darzustellen und zu einer Lösung beizutragen.
In einer akuten Streitsituation werden die Kinder oft noch sehr emotional reagieren. Nach und nach gelingt es ihnen immer besser, sachlich zu argumentieren.

Der Aufräum-Rap

Ziel: Die Kinder entdecken ihre Freude für das Aufräumen und entwickeln ihr Rhythmusgefühl weiter.

Anleitung:
Fünf Minuten vor Unterrichtsschluss klatscht der Lehrer in die Hände und spricht den Aufräum-Rap rhythmisch vor. Davon begleitet räumen die Kinder ihre Arbeitsmaterialien auf. Nach wenigen Tagen können sie während des Aufräumens den Rap selbst rhythmisch mitsprechen.

Aufräum-Rap

Text: Edelgard Moers

Mein Platz, der wird gleich sauber sein.
Ich räum die Sachen nur noch ein.
Wie der Blitz und ohne Fleck.
Hokus, pokus! Alles weg.

Was nehm ich mit? Was lass ich hier?
Das ist doch klar, drum merk ich mir:
Wie der Blitz und ohne Fleck.
Hokus pokus! Alles weg.

Ich heb den Müll vom Boden auf,
auch den von dir nehm ich in Kauf.
Wie der Blitz und ohne Fleck.
Hokus pokus! Alles weg.

Nun sieht mein Platz manierlich aus
und ich geh jetzt zur Tür hinaus.
Wie der Blitz und ohne Fleck.
Hokus pokus! Alles weg.

Edelgard Moers: Spiele für Erstklässler
© Auer Verlag

Spiele zum Eingewöhnen in der Schule, zum Kennenlernen, Anfreunden, für die Klassengemeinschaft, zum Einüben von Regeln und zum Kommunizieren

19

Wer darf gehen?

Ziel: Die Kinder akzeptieren die Reihenfolge zum Beenden des Unterrichts und zum Verlassen der Klasse.

Anleitung:
Die Kinder sitzen entweder im Kreis oder an ihren Tischen und haben ihre Arbeit beendet. Der Lehrer sagt: „Alle Kinder, die im Januar Geburtstag haben, dürfen aufstehen, sich an der Tür aufstellen und den Klassenraum verlassen." Sobald die Kinder aufgestanden sind und wieder Ruhe eingekehrt ist, schickt er die nächste Gruppe (die Kinder, die im Februar Geburtstag haben) aus der Klasse.

Der Lehrer kann am nächsten Tag eine andere Reihenfolge vorgeben, z. B. nach Farben in der Kleidung, nach der Länge der Haare, nach der Körpergröße, nach der Schuhgröße, ...

Das Spiel ist sinnvoll, damit die Kinder nicht alle gleichzeitig zur Tür stürmen.

Edelgard Moers: Spiele für Erstklässler
© Auer Verlag

Spiele zum Eingewöhnen in der Schule, zum Kennenlernen, Anfreunden, für die Klassengemeinschaft, zum Einüben von Regeln und zum Kommunizieren

Spiele zum Ausruhen, Luftholen, Konzentrieren, Entspannen und Starkwerden

Zappelfinger

Ziel: Die Kinder erweitern in einer kurzen Pause an ihrem Platz die Bewegungsfähigkeit der Finger und schöpfen neue Kraft für die Weiterarbeit.

Anleitung:
Der Lehrer sagt den Kindern, dass sie jetzt die Arbeit unterbrechen, an ihrem Platz sitzen bleiben und eine kurze Bewegungspause mit den Fingern machen werden, um neue Kraft zu schöpfen.

Die Kinder halten ihre zehn Finger hoch und wackeln damit hin und her.
Der Lehrer spricht den Vers:

> Zippel, zappel, Fingerlein
> müssen in Bewegung sein.
> Zappeln hin und zappeln her,
> geben keine Ruhe mehr.
> Fäuste ballen kann das Kind,
> weil die Finger müde sind.
> Fest versteckt es alle Zehn.
> Niemand kann die Finger sehn.
> Jetzt sind sie auch gern bereit
> für die nächste Arbeitszeit.

Passend zum Text machen die Kinder die entsprechenden Bewegungen. Wenn sie die Hände zu Fäusten ballen, können sie sie dicht an den Körper drücken. Beim Satz „Jetzt sind sie auch gern bereit für die nächste Arbeitszeit." strecken die Kinder alle zehn Finger aus, ohne damit zu zappeln.

Himpelchen und Pimpelchen

Ziel: Die Kinder erweitern in einer kurzen Pause an ihrem Platz die Bewegungsfähigkeit der Finger und schöpfen neue Kraft für die Weiterarbeit.

Anleitung:
Der Lehrer sagt den Kindern, dass sie jetzt die Arbeit unterbrechen, an ihrem Platz sitzen bleiben und in einer kurzen Bewegungspause ein Fingerspiel machen, um neue Kraft zu sammeln.

Der Lehrer macht vor sich zwei Fäuste, hält beide Daumen hoch und geht abwech-
selnd mit den Fäusten immer höher, so als würden die Daumen („Himpelchen" und
„Pimpelchen") einen Berg hochklettern. Die Kinder machen es ihm nach.
Der Lehrer spricht dazu folgenden Vers:

> Himpelchen und Pimpelchen stiegen auf einen Berg.
> Himpelchen war ein Heinzelmann, Pimpelchen ein Zwerg.
> Sie blieben lange dort oben sitzen
> und wackelten mit ihren Zipfelmützen.
> Doch nach vielen, vielen Wochen
> sind sie in den Berg gekrochen.
> Dort schlafen sie in süßer Ruh.
> Seid nun ganz still und hört fein zu.

Beim Satz „Sie blieben lange dort oben sitzen und wackelten mit ihren Zipfelmützen."
wackeln die Kinder mit beiden Daumen. Beim Satz „Doch nach vielen, vielen Wochen
sind sie in den Berg gekrochen." stecken die Kinder die Daumen in die Fäuste und werden ganz still. Nach der letzten Verszeile sagt der Lehrer geheimnisvoll: „Wenn ihr die
Fäuste an die Ohren haltet, könnt ihr sie ganz leise schnarchen hören."

Was habe ich gesagt?

Ziel: Die Kinder lernen, genau hinzuhören, und entwickeln ihr Gemeinschaftsgefühl
sowie ihre Ausdauer weiter.

Anleitung:
Die Kinder sitzen im Stuhlkreis: Ein Kind überlegt sich einen kurzen Satz und flüstert
diesen Satz dem rechts neben ihm sitzenden Kind ins Ohr. Dieses flüstert den gehörten Satz wiederum seinem rechten Nachbarn ins Ohr. Wurde der Satz flüsternd bis
zum letzten Kind weitergegeben, sagt dieses laut,
was es verstanden hat.
Manchmal kommt ein anderer Satz am Ende an als
der vom Startkind geflüsterte. Manchmal kommt
auch etwas Lustiges heraus und alle lachen.

Ruhe-Spiel

Ziel: Die Kinder vertiefen ihre Konzentrationsfähigkeit und werden auf leise Geräusche aufmerksam.

Anleitung:
Für dieses Spiel werden zwei Klangkugeln benötigt.

Die Kinder sitzen im Kreis. Das erste Kind nimmt vorsichtig die Klangkugeln und gibt sie mit beiden Händen dem Kind, das rechts neben ihm sitzt. Dieses gibt die Klangkugeln dann dem nächsten Kind weiter. Alle Kinder achten darauf, dass bei der Weitergabe kein Geräusch zu hören ist. Das Spiel ist zu Ende, wenn die Klangkugeln wieder beim ersten Kind angekommen sind. Das erste Kind sagt dann, ob es bei der Weitergabe Geräusche gehört hat. Wenn es nichts gehört hat, schüttelt es mit dem Kopf.

Das Ruhe-Spiel kann nach der Pause oder zu Beginn des Unterrichts durchgeführt werden, nachdem sich der Lehrer und die Kinder begrüßt haben und bevor das Thema der Stunde verkündet wird.

Mit allen Sinnen spüren

Ziel: Die Kinder entwickeln ihre Sinneswahrnehmung weiter.

Anleitung:
Der Lehrer hat eine Schachtel mit kleinen Steinen mitgebracht. Er bittet die Kinder, sich in den Kreis zu setzen und die Augen zu schließen. Dann legt er jedem Kind einen Stein in die Hand. Anschließend spricht er folgenden Text:

> „Lasse deine Augen geschlossen und halte den Gegenstand in einer Hand. Nimm nun einen Finger und streichle den Gegenstand. Was spürst du? Fühlt sich der Gegenstand rau oder weich an? Fühlt er sich kalt oder warm an? Nun halte den Gegenstand unter deine Nase. Was riechst du? Beschreibe den Duft. Ist er salzig oder süß? Ist der Geruch angenehm oder unangenehm? Halte den Gegenstand nun an dein Ohr. Schüttle ihn. Was hörst du? Macht der Gegenstand Geräusche? Beschreibe sie. Nun öffne deine Augen. Schau dir den Gegenstand von allen Seiten genau an. Was siehst du? Ist dein Gegenstand einfarbig? Ist dein Gegenstand mehrfarbig? Was erkennst du? Beschreibe das, was du siehst."

Der Lehrer kann statt der Steine auch ein Stückchen Brot, ein Stück Obst, ein Stück Schokolade, ein Bonbon oder eine andere Süßigkeit an die Kinder verteilen und damit diese Wahrnehmungsübung durchführen. Dann können die Kinder am Schluss das vorliegende Teil verspeisen und beschreiben, was sie geschmeckt haben.

Edelgard Moers: Spiele für Erstklässler
© Auer Verlag

Alle Vögel fliegen hoch

Ziel: Die Kinder entwickeln ihre Aufmerksamkeit und Konzentration weiter.

Anleitung:
Die Kinder sitzen im Kreis. Ein Kind beginnt und sagt: „Alle Vögel fliegen hoch." Weil Vögel fliegen können, müssen alle Kinder ihre Arme schnell hochheben. Nun sagt das Kind: „Alle Hunde fliegen hoch." Weil Hunde nicht fliegen können, müssen die Kinder die Hände unten halten. Das Kind, das zuerst die Arme an der falschen Stelle hebt, kann nun Sprecher sein. Bei der Wahl der fliegenden und nicht fliegenden Lebewesen und Gegenstände sind der Fantasie der Kinder keine Grenzen gesetzt.

Lachen verboten

Ziel: Die Kinder bleiben ernst und lassen sich nicht zum Lachen verleiten.

Anleitung:
Die Kinder sitzen im Kreis. Ein Kind beginnt, macht Fratzen oder erzählt etwas Lustiges. So versucht es, die anderen Kinder zum Lachen bringen. Das erste Kind, das zu lachen beginnt, ist dann an der Reihe, die anderen zum Lachen zu bringen.

Vereinbarungen zustimmen

Ziel: Die Kinder entwickeln ihre Konzentrations- und Koordinationsfähigkeit weiter und stimmen in spielerischer Weise Vereinbarungen und Regeln zu.

Anleitung:
Für das Spiel wird ein Gesprächsstein o. Ä. benötigt.

Der Lehrer setzt das Spiel ein, sobald eine Absprache oder Vereinbarung getroffen worden ist und die Kinder einzeln zustimmen sollen, indem sie laut und deutlich den gleichen Satz wiederholen.
Die Kinder sitzen im Stuhlkreis. Der Lehrer gibt den Gesprächsstein an das Kind, das rechts neben ihm sitzt, weiter. Dieses Kind hält den Stein fest in seinen Händen und sagt den zuvor vereinbarten Satz, z. B.: „Ich werde heute gut mitarbeiten.". Dann gibt es den Gesprächsstein vorsichtig an das nächste Kind weiter. Auch dieses Kind wiederholt den Satz und stimmt dadurch der Vereinbarung zu. Das Spiel ist zu Ende, wenn der Stein wieder beim Lehrer angekommen ist.

Das Spiel kann immer wieder mit einem Satz zu einer zuvor getroffenen Absprache durchgeführt werden, z. B. „Ich werde die Klassenregeln einhalten.", „Ich werde keinen Streit beginnen.", ..., bis die Kinder ruhig und konzentriert den Stein weitergeben und die getroffenen Vereinbarungen einhalten.

Edelgard Moers: Spiele für Erstklässler
© Auer Verlag

Ich bin ganz bei mir

Ziel: Die Kinder erweitern ihre Konzentrationsfähigkeit und ihre Freude am gemeinsamen Spiel.

Anleitung:
Ein Stuhl wird im Abstand von drei Metern zur Tafel aufgestellt. Auf diesem Stuhl sitzt mit dem Gesicht zur Tafel ein Kind. An der Tafel ist ein farbig ausgemalter Kreis zu sehen. Das Kind konzentriert sich nur auf den Kreis. Die anderen Kinder sitzen entweder zu beiden Seiten des Kindes oder im Halbkreis hinter dem Kind.
Nacheinander stehen die Kinder auf und versuchen, das Kind abzulenken. Sie können z. B. etwas Witziges erzählen, das Gesicht verziehen oder das Kind ganz leicht berühren. Das Kind, das vor der Tafel auf dem Stuhl sitzt, muss sich innerlich immer wieder sagen: „Ich lasse mich nicht ablenken. Ich bin ganz bei mir. Ich konzentriere mich nur auf mich selbst."
Nach zwei Minuten setzt sich das nächste Kind auf den Stuhl vor der Tafel. Die Zeitspanne kann zum späteren Zeitpunkt erhöht werden.

„Ich bin ganz bei mir." – ein wichtiger Schlüsselsatz, den die Kinder verinnerlichen sollen, um sich auch bei der späteren Arbeit nicht ablenken zu lassen.

Die Angst verjagen

Ziel: Die Kinder lernen, sich nicht von Angst beherrschen zu lassen, sondern sie zu kontrollieren und zu überwinden.

Anleitung:
Die Kinder sitzen im Stuhlkreis. Der Lehrer sagt, dass jeder Mensch in seinem Leben Angst in bestimmten Situationen hat, und nennt z. B. die Klassenarbeit als Grund. Die Kinder müssen sich nicht outen und von ihrer eigenen Angst erzählen.
Der Lehrer sagt:

> „Wenn ich Angst habe, atme ich erst einmal ruhig durch. Vielleicht schließe ich auch für einen kurzen Moment die Augen. Dann spreche ich mit der Angst. Ich will mich nicht von ihr einschüchtern lassen. Ich rede so lange mit ihr, bis ich merke, dass sie immer kleiner wird. Manchmal rede ich laut oder manchmal auch leise mit ihr. Ich wehre mich dagegen, dass sie mich beherrschen will. Das lasse ich nicht zu."

Dann bittet er ein Kind, einige Worte zu sagen, mit denen es die Angst kleiner machen könnte. Dieses Kind wählt danach ein anderes Kind aus, das ebenfalls einige Worte sagt, um die Angst zu verjagen. So geht es immer weiter. Wenn ein Kind nichts sagen möchte, darf es die ersten Male aussetzen. Der Lehrer sollte aber darauf achten, dass es nach einer „Schonzeit" auch selbst Worte finden muss.

Schnelle Runde

Ziel: Die Kinder erweitern ihre Wahrnehmungsfähigkeit und erkennen Meinungen, Gedanken oder Gefühle anderer.

Anleitung:
Für das Spiel wird ein Gesprächsstein o. Ä. benötigt.

Der Lehrer gibt in einer beliebigen Phase des Unterrichts oder bei einem aktuellen Problem einen Satzanfang oder eine Fragestellung vor und die Kinder versammeln sich im Kreis. Der Lehrer kann ergänzend eine Karte mit der entsprechenden Aufschrift in die Kreismitte legen.

- Fragestellungen zu Beginn des Unterrichts:
  Wie geht es mir?
  Worüber habe ich mich heute schon gefreut?
  Worüber habe ich mich heute schon geärgert?
- Fragestellungen zum thematischen Einstieg:
  Was weiß ich zu dem Thema?
  Was möchte ich zum Thema herausfinden?
- Fragestellungen zur Reflexion am Schluss des Unterrichts:
  Was habe ich heute gelernt?
  Was hat mir heute gefallen?
  Was war mir heute wichtig?
- Satzanfänge zu Beginn des Unterrichts:
  Mir geht es …
  Ich fühle mich …
- Satzanfänge zur Reflexion am Schluss des Unterrichts:
  Ich habe heute gelernt …
  Mir hat heute gefallen …
  Mir war wichtig …

Nun reicht der Lehrer den Gesprächsstein dem rechts von ihm sitzenden Kind. Das Kind vollendet den Satzanfang oder beantwortet die Fragestellung in einem Satz ohne weitere Ausführungen. Es gibt den Gesprächsstein dann an seinen rechten Nachbarn weiter. Die schnelle Runde ist zu Ende, wenn alle Kinder der Reihe nach einen Beitrag geleistet haben. Es dauert ca. fünf Minuten.

Das Korn will wachsen

Ziel: Die Kinder machen mit ihrem Körper die Bewegungen zum Wachstum eines Korns nach und verstehen, dass alle Lebewesen Wasser, Sonne und Wind zum Wachsen und Gedeihen benötigen.

Edelgard Moers: Spiele für Erstklässler
© Auer Verlag

Anleitung:
Die Kinder legen sich eingerollt in „Embryo-Haltung" auf den Boden und finden zum gehörten Text selbst Bewegungen, die an den einzelnen Stellen passen.

Der Lehrer spricht langsam folgenden Text:

> Das Weizenkorn liegt tief in der Erde und schläft. Doch dann möchte es ans Licht. Da wächst ein kleiner Spross, der aus der Erde schaut. Er freut sich über die Sonne, die ihn wärmt und den Tag hell macht. Er genießt den Regen, der ihn mit Wasser versorgt. Er freut sich über den Wind, durch den er sich hin- und herbewegt. Aus dem kleinen Spross wird nun ein langer Halm. Nach einiger Zeit bildet sich oben eine Ähre, die immer kräftiger wird und viele Körner bekommt. Die Pflanze genießt den Regen, der sie mit Wasser versorgt. Sie freut sich über die Sonne, die sie wärmt und den Tag hell macht. Sie freut sich über den Wind, der den Halm mit der Ähre hin- und herbewegt.

Die Kinder stehen am Schluss und bewegen sich leicht hin und her.

Danach setzen sie sich auf den Boden und erzählen, wie ihnen das Spiel gefallen hat, was ihnen aufgefallen ist und wie sie sich gefühlt haben.

Stark werden

Ziel: Die Kinder nehmen sich als selbstständige Lerner wahr, die große Aufgaben während der Schulzeit bewältigen werden.

Anleitung:
Die Kinder setzen sich so hin, dass sie etwas Abstand zum Nachbarn haben und machen Bewegungen zu dem, was der Lehrer langsam und mit kleinen Pausen spricht:

> „Du bist nun in der Schule. In der Klasse 1 … ist nun dein Platz. Das ist alles neu für dich.
> Du brauchst keine Angst zu haben – nicht vor dem neuen Gebäude, in dem du dich aufhältst, nicht vor den Lehrern, bei denen du Unterricht hast, nicht vor den anderen Kindern in der Klasse und auch nicht vor den Aufgaben, die du zu erfüllen hast.
> Du bist jetzt kein Kindergartenkind mehr, sondern ein Schulkind. Du bist groß, so groß. Du lernst jetzt Lesen, Schreiben und Rechnen und noch vieles mehr. Stelle dich hin und schau auf deine Hände und Füße.
> Du schaffst das. Du bist nämlich stark, so stark. Du hast viel Zeit, um das alles zu lernen. Klopfe dir auf die Schultern.
> Wenn du an einem Tag etwas noch nicht hinbekommst, dann macht das nichts. Am nächsten Tag wird es klappen. Du hast Zeit zum Üben.

Edelgard Moers: Spiele für Erstklässler
© Auer Verlag

Du hast viel Zeit, die anderen Kinder der Klasse kennenzulernen, mit ihnen gemeinsam etwas auszuprobieren.
Dein Lehrer hilft dir, damit du alles verstehst und du gut lernen kannst.
Wichtig ist, dass du zu allen Kindern freundlich bist.
Wichtig ist auch, dass du alle Regeln beachtest, die wir gemeinsam vereinbaren.
Wenn du dazu bereit bist, dann stelle dich auf die Zehenspitzen und strecke deine Arme in die Höhe.
Nun kannst du dich wieder auf den Boden setzen."

Die Kinder erzählen anschließend, wie ihnen das Spiel gefallen hat, was ihnen aufgefallen ist und wie sie sich gefühlt haben. Ein Durchgang dauert ca. fünf Minuten.

Das Spiel kann mit einem etwas abgewandelten Text zu anderen Zeiten wiederholt werden. Es kann dabei immer etwas hervorgehoben werden, woran die Kinder noch arbeiten müssen.

Ein Bild darstellen

Ziel: Die Kinder stellen als Gemeinschaft ein lebendes Bild vom Leben in der Natur dar, z. B. im Wald.

Anleitung:
Für dieses Spiel wird Entspannungsmusik benötigt.

Die Kinder brauchen ausreichend Platz. Sie sollen ein lebendes Bild vom Leben im Wald darstellen. Jedes Kind kann sich selbst etwas einfallen lassen. Der Kreativität der Kinder sind keine Grenzen gesetzt. Der Lehrer darf den Kindern aber auch Tipps geben, wenn sie Hilfe benötigen.

- Einige Kinder können Laubbäume darstellen. Sie halten ihre Arme hoch und bewegen sich leicht im Wind.
- Einige Kinder können Nadelbäume darstellen. Sie halten ihre Arme nach unten und etwas vom Körper entfernt.
- Einige Kinder können Rehe darstellen. Sie laufen auf allen Vieren und bleiben an einigen Bäumen stehen.
- Einige Kinder können Vögel darstellen. Sie laufen langsam auf Zehenspitzen zwischen den Bäumen hindurch und machen mit den Armen Flügelschlagbewegungen.

Die Kinder sprechen nicht, sondern bringen sich nur durch ihre Körperhaltung oder ihre Bewegung in das Gesamtbild ein. Der Lehrer spielt dazu Entspannungsmusik. Die Kinder zeigen das fertige Bild so lange, wie die Musik läuft.

Das Bild vom Leben im Wald können die Kinder an einem Tag der Offenen Tür oder bei einem Fest einem Publikum präsentieren.

Edelgard Moers: Spiele für Erstklässler
© Auer Verlag

Stuhltanz

Ziel: Die Kinder entwickeln ihre Freude am Spiel, ihre Reaktionsschnelligkeit und ihr Gemeinschaftsgefühl weiter.

Anleitung:
Für dieses Spiel wird Musik, am besten schnelle Instrumentalmusik, benötigt.

Die Stühle werden in zwei Reihen mit den Lehnen aneinander aufgestellt. Es muss ein Stuhl mehr vorhanden sein, als Kinder in der Klasse sind. Die Kinder stellen sich im Kreis um die Stühle auf. Der Lehrer stellt die Musik an. Solange die Musik zu hören ist, laufen alle Kinder um die Stühle herum. Sobald die Musik stoppt, muss jedes Kind versuchen, sich möglichst schnell auf einen freien Stuhl zu setzen. Am Schluss bleibt ein Kind stehen, das keinen Stuhl mehr bekommen hat. Dieses Kind scheidet aus und der Lehrer entfernt einen Stuhl. Nun stellt der Lehrer wiederum die Musik an. Nachdem im nächsten Durchgang wieder ein Kind ausgeschieden und ein Stuhl entfernt worden ist, wiederholt sich das Ganze so lange, bis nur noch ein Kind übrig ist. Dieses Kind ist der Sieger.

Auf dem Sportplatz

Ziel: Die Kinder erweitern ihre Wahrnehmungsfähigkeit und die Freude an der Bewegung.

Anleitung:
Die Kinder stellen sich hinter ihren Stuhl. Der Lehrer spricht langsam und mit kleinen Pausen nachfolgenden Text und die Kinder bewegen sich dazu. Der Lehrer macht die Kinder zuvor darauf aufmerksam, dass sie bei Anweisungen zum Gehen immer nur auf der Stelle gehen sollen.

Du machst dich auf den Weg zum Sportplatz.
Dort ist heute ein großes Sportfest.
Du siehst, wie sich die Sportler aufwärmen.
Der eine streckt seinen linken Arm und dann den rechten Arm hoch und dreht dann
beide Arme nach hinten.
Ein anderer macht einige Kniebeugen.
Nun gehst du weiter zu einem Spielfeld.
Ein Sportler nimmt einen kleinen Ball und wirft ihn weit weg.
Alle klatschen Beifall.
Da siehst du, wie ein Sportler einen Hula-Hoop-Reifen um seine Taille legt und ihn
kreisen lässt.
Ein Sportler steht auf einem Bein, hebt beide Arme ausgestreckt hoch und legt die
Handflächen zusammen.
Ein Sportler lässt seine Schultern abwechselnd kreisen – erst die linke, dann die rechte.
Nun hast du genug gesehen und gehst wieder nach Hause.

Fantasiereise

Ziel: Die Kinder entfalten ihre Vorstellungskraft weiter und sammeln durch eine kleine
Pause wieder neue Kraft für die Arbeit.

Anleitung:
Für dieses Spiel wird ein Erzählstein o. Ä. benötigt.
Die Kinder sitzen auf dem Boden im Kreis, legen ihre Arme auf die Knie und den Kopf
auf die Arme. Sie können auch an ihrem Platz bleiben, die Arme auf den Tisch legen
und den Kopf hineinlegen.
Der Lehrer spricht für die Fantasiereise langsam und mit kleinen Pausen folgenden
Text:

„Atme tief durch. Ein und aus. Ein und aus. Du bist ganz entspannt. Du fühlst dich gut. Da kommt ein großer Fantasievogel, lädt dich zu einem Rundflug ein und nimmt dich auf sein Gefieder. Er fliegt mit dir aus dem Fenster hinaus, über die Schule und über den Schulhof. Der Wind weht dir über den Kopf. Du beugst dich etwas vor, um genau sehen zu können, was unter dir ist. Schau genau hinunter. Was entdeckst du? Wen erkennst du? Der Fantasievogel fliegt mit dir über die Häuser, die in der Nähe der Schule sind. Schau mal auf die Straße und auf den Parkplatz. Was fällt dir auf? Nun bringt dich der Vogel wieder zurück in deine Klasse. Er setzt dich wieder an deinem Platz ab. Vorsichtig steigst du von seinem Gefieder hinunter und bedankst dich bei ihm für die schönen Eindrücke."

Anschließend erzählen die Schüler von ihren Eindrücken. Dafür gibt der Lehrer einem Kind den Erzählstein und dieses beginnt zu erzählen. Dann gibt es den Erzählstein einem anderen Kind, das nun von seiner Fantasiereise erzählen kann. Damit alle Kinder die gleiche Zeit zum Erzählen zur Verfügung haben, kann eine Sanduhr, die zwei Minuten läuft, eingesetzt werden.

Richtig atmen

Ziel: Die Kinder finden Ruhe und vertiefen ihre Konzentration durch regelmäßiges Atmen.

Anleitung:
Die Kinder stehen hinter ihren Stühlen. Der Lehrer spricht folgenden Text und die Kinder befolgen die Anweisungen:

„Schließe die Augen.
Deine Arme hängen neben deinem Körper.
Atme tief ein und wieder aus, tief ein und wieder aus und immer weiter.
Du bist ganz ruhig.
Konzentriere dich nur auf deinen Atem.
Beim Einatmen hebt sich deine Brust.
Beim Ausatmen senkt sie sich wieder.
Atme noch einmal tief ein und wieder aus.
Lege nun deine Hände auf den Bauch.
Spüre mit deinen Händen, wie die Luft im Bauch ankommt und wieder weggeht und noch einmal ankommt und wieder weggeht.
Atme noch einmal tief ein.
Puste nun die Luft aus, wie bei einem Luftballon, der immer kleiner wird, und beuge dich nach vorne.
Nun bist du wieder frisch und erholt."

Kraft sammeln

Ziel: Die Kinder machen eine Pause und verschnaufen für einen Augenblick.

Anleitung:
Die Kinder sitzen an ihrem Platz oder legen sich auf den Boden.
Der Lehrer spricht folgenden Text:

„Du hast schon fleißig gearbeitet. Jetzt bist du müde und gähnst nach Herzenslust.
Atme tief ein und wieder aus, tief ein und wieder aus.
Du schließt die Augen. In Gedanken gehst du an deinem rechten Bein entlang zu
deinem rechten Fuß.
Du spürst, dass dein rechter Fuß ganz warm wird.
Du gehst in Gedanken an deinem linken Bein entlang zu deinem linken Fuß.
Du spürst, dass dein linker Fuß ganz warm wird.
Du gehst in Gedanken an deinem rechten Arm entlang zu deiner rechten Hand.
Du spürst, dass deine rechte Hand ganz warm wird.
Anschließend gehst du in Gedanken an deinem linken Arm entlang zu deiner linken Hand.
Du spürst, dass deine linke Hand ganz warm wird.
Du gehst du in Gedanken zu deinem Hinterkopf.
Du spürst, dass es dort warm wird.
Die Wärme geht langsam in deinen Nacken und den Rücken hinunter.
Du fühlst dich wohl.
Nun öffne die Augen und recke deine Arme hoch.
Du bist wieder frisch und ausgeruht, als hättest du lange geschlafen.
Nun kannst du deine Arbeit wieder fortsetzen.“

Kofferpacken

Ziel: Die Kinder trainieren ihre Gedächtnisleistung und vertiefen ihre Freude am Spiel.

Anleitung:
Die Kinder sitzen im Kreis. Ein Kind beginnt und sagt: „Ich packe meinen Koffer und
lege … hinein." Es nennt einen Gegenstand und macht dazu eine Bewegung. Das
nächste Kind sagt ebenfalls: „Ich packe meinen Koffer und lege … hinein." Es muss
den Gegenstand des ersten Kindes wiederholen und die Bewegung dazu machen.
Anschließend muss es einen eigenen Gegenstand nennen und eine Bewegung dazu
erfinden. So geht es immer weiter. Die Kinder müssen alle Gegenstände und Bewegungen der vorherigen Kinder in der richtigen Reihenfolge wiederholen und zuletzt
einen eigenen Gegenstand mit Bewegung ergänzen. Die letzten Kinder im Kreis haben
es schwer, weil sie sich sehr viel merken müssen. Die anderen Kinder können helfen,
damit es bis zum Schluss auch klappt.

Edelgard Moers: Spiele für Erstklässler
© Auer Verlag

Auf ein Kommando

Ziel: Die Kinder entwickeln ihre Aufmerksamkeit und Konzentration weiter und lernen insbesondere, rechts und links zu unterscheiden.

Anleitung:
Die Kinder sitzen im Kreis oder bleiben auf ihren Plätzen sitzen.
Der Lehrer gibt verschiedene Kommandos. Diese müssen die Kinder möglichst schnell befolgen und dabei vor allem schnell zwischen links und rechts unterscheiden. Es können auch einzelne Kinder ausgewählt werden, die die Kommandos geben.

Beispiele für Kommandos:
- „Alle schauen nach links."
- „Alle schauen nach oben an die Decke."
- „Alle schauen nach rechts."
- „Alle schauen nach unten auf den Fußboden."
- „Alle schauen auf ihre rechte Hand."
- „Alle schauen auf ihre linke Hand."
- „Alle schauen auf ihren rechten Fuß."
- „Alle schauen auf ihren linken Fuß."
- „Alle schauen zum Fenster."
- „Alle schauen zur Tür."

Spiele zum Erzählen, zum Schriftspracherwerb und zum ersten Lesen und Schreiben

Buchstaben legen

Ziel: Die Kinder gestalten mit ihrem Körper Buchstaben, wobei sie sich hinlegen oder hinstellen oder auch mit einem Partner zusammenarbeiten können.

Anleitung:
Die Kinder gestalten allein oder mit einem Partner bestimmte Buchstaben oder stellen der Reihe nach alle Buchstaben des Alphabetes nach.
Die Kinder der Klasse können auch gemeinsam ein bestimmtes Wort darstellen. Dabei müssen sie sich zuvor genau absprechen, wer welchen Buchstaben darstellt und wo wer seinen Platz hat.

 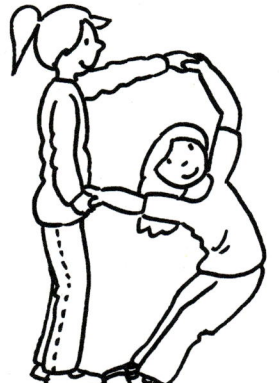 

Drei Chinesen mit dem Kontrabass

Ziel: Die Kinder kennen Vokale, verfremden Wörter durch Vokale und entwickeln ihre Freude an der Sprache weiter.

Anleitung:
Der Lehrer singt mit den Kindern das Lied „Drei Chinesen mit dem Kontrabass". Nach dem ersten Singen folgen weitere Strophen in verschiedenen Variationen: In der Reihenfolge der Vokale wird der Liedtext verfremdet, indem alle Vokale zuerst mit „a", danach mit „e" usw. gesungen werden.

Edelgard Moers: Spiele für Erstklässler
© Auer Verlag

Drei Chinesen mit dem Kontrabass

Text/Musik: Volkslied

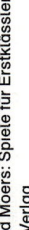

F   Gm

1. Drei Chi - ne - sen mit dem Kon - tra - bass

C7   F

sa - ßen auf der Stra - ße und er - zähl - ten sich was. Da

F7   B

kam die Po - li - zei: Ja, was ist denn das?

C7   F

Drei Chi - ne - sen mit dem Kon - tra - bass!

Große und kleine Buchstaben

Ziel: Die Kinder erweitern ihre Laut-Buchstaben-Zuordnung.

Anleitung:
Der Lehrer erstellt im Vorfeld mehrere Kartensätze mit allen Groß- und Kleinbuchstaben des Alphabets, laminiert sie, schneidet sie aus und legt sie in kleine Schachteln.
Die Karten der Großbuchstaben sollten eine andere Farbe haben als die der Kleinbuchstaben. Eine Karte mit einem großen und eine Karte mit dem kleinen Buchstaben gehören als Pärchen zusammen.

Die Kinder finden sich in Gruppen zusammen. Alle Karten liegen umgekehrt auf dem Tisch. Ein Kind beginnt, dreht eine Großbuchstabenkarte um, schaut sie an und dreht dann eine Kleinbuchstabenkarte um.
Wenn die Karten nicht zueinander passen, d. h. kein Pärchen entsteht, muss das Kind beide Karten wieder umgekehrt hinlegen. Dann ist das nächste Kind an der Reihe und verfährt ebenso.
Entsteht ein Pärchen, darf das Kind beide Karten zu sich legen und noch einmal eine Groß- und eine Kleinbuchstabenkarte umdrehen.
Gewonnen hat das Kind, das am Ende die meisten Pärchen hat.

Gleiche Anfangsbuchstaben

Ziel: Die Kinder werden für Wörter mit dem gleichen Anfangsbuchstaben sensibilisiert.

Anleitung:
Die Kinder sitzen im Kreis. Ein Kind wird ausgewählt. Es sagt ein Wort mit einem bestimmten Anfangsbuchstaben. Sein rechter Nachbar sagt ein anderes Wort mit dem gleichen Anfangsbuchstaben. So geht es reihum weiter, bis alle Kinder ein Wort mit diesem Anfangsbuchstaben genannt haben.

Es können beliebig viele Durchgänge gespielt werden, wobei bei jeder Runde Kind und Anfangsbuchstabe wechseln.

Wörterschlange

Ziel: Die Kinder üben die Laut-Buchstaben-Zuordnung und erweitern ihre Lesekompetenz.

Anleitung:
Die Kinder sitzen im Kreis. Ein Kind wird ausgewählt. Es nennt ein Wort. Der rechte Nachbar achtet auf den Buchstaben, mit dem das Wort endet, und sagt ein Wort, das mit diesem Buchstaben beginnt.
Falls das Nachbarskind nicht den richtigen Buchstaben gehört hat, helfen die anderen Mitschüler, sodass das Kind schließlich ein passendes Wort findet.
So geht es reihum weiter, bis alle Kinder an der Reihe waren und sich eine „Wörterschlange" gebildet hat.

Es können beliebig viele Durchgänge gespielt werden, wobei bei jeder Runde ein anderes Kind mit einem selbstgewählten Wort beginnen darf.

Edelgard Moers: Spiele für Erstklässler
© Auer Verlag

Geschichten erzählen

Ziel: Die Kinder erweitern ihre Erzählfähigkeit, fabulieren frei und erfinden zu Bildimpulsen spontan Geschichten.

Anleitung:
Der Lehrer sammelt im Vorfeld Bilder, auf denen Kinder in Alltagssituationen zu sehen sind. Er erstellt daraus Bildkarten, kopiert und laminiert sie und schneidet sie aus. Außerdem wird für dieses Spiel eine Sanduhr benötigt.

Die Kinder sitzen im Kreis. Einige Bildkarten liegen mit dem Bild nach unten auf dem Tisch oder auf dem Boden. Ein Kind beginnt. Es nimmt eine Karte und schaut auf das Bild. Spontan erzählt es zu dem Bild eine Geschichte. Damit das Kind nicht länger als zwei bis drei Minuten redet, setzt der Lehrer eine Sanduhr ein, die zwei bis drei Minuten läuft. Danach ist das nächste Kind an der Reihe. Das Spiel ist zu Ende, wenn alle Kinder eine Geschichte erzählt haben.

Das Spiel kann nach seiner Einführung auch in kleinen Gruppen durchgeführt werden. Dann ist es sinnvoll, wenn jede Gruppe eine eigene Sanduhr hat.

Spiele zum Kennenlernen von Zahlen, zum Zählen und zum ersten Rechnen

Gruppen bilden

Ziel: Die Kinder bilden bestimmte Mengen.

Anleitung:
Die Kinder laufen auf einem festgelegten Spielfeld umher. Sobald der Lehrer eine Zahl ruft, z. B. „Fünf", finden sich die Kinder in Gruppen dieser Größe (in diesem Fall in Fünfergruppen) zusammen. Die Kinder kontrollieren in ihren Gruppen selbst, ob die Anzahl stimmt.

Die Kinder, die möglicherweise übrigbleiben, stellen sich zum Lehrer. Sie dürfen im nächsten Durchgang bei der nächsten Zahl wieder mitmachen.

Ziffern und Mengen

Ziel: Die Kinder entwickeln ihre Fähigkeit zur Ziffern- und Mengenzuordnung weiter.

Anleitung:
Der Lehrer erstellt im Vorfeld mehrere Kartensätze mit den Ziffern und Mengen im Zahlenraum bis 20, laminiert sie, schneidet sie aus und legt sie in kleine Schachteln. Die Karten der Ziffern sollten eine andere Farbe haben als die der Mengen. Eine Karte mit einer Ziffer und eine Karte mit einer Menge gehören als Pärchen zusammen.

Die Kinder finden sich in Gruppen zusammen. Alle Karten liegen umgekehrt auf dem Tisch. Ein Kind beginnt, dreht eine Ziffernkarte um, schaut sie an und dreht dann eine Mengenkarte um.
Wenn die Karten nicht zueinander passen, d. h. kein Pärchen entsteht, muss das Kind beide Karten wieder hinlegen. Dann ist das nächste Kind an der Reihe und verfährt ebenso.
Entsteht ein Pärchen, darf das Kind beide Karten zu sich legen und noch einmal eine Ziffern- und eine Mengenkarte umdrehen.
Gewonnen hat das Kind, das am Ende die meisten Pärchen hat.

Der Lehrer kann für einen ersten Durchgang den Kindern nur die Ziffern- und Mengenkarten im Zahlenraum bis zehn zur Verfügung stellen.

Edelgard Moers: Spiele für Erstklässler
© Auer Verlag

Zahlen hüpfen

Ziel: Die Kinder üben das Zählen von 1 bis 10 und entwickeln immer mehr Sicherheit.

Anleitung:
Der Lehrer zeichnet im Vorfeld einen Hinkelkasten mit zehn Kästchen auf den Boden des Schulhofs oder klebt ihn mit einem Klebeband auf den Boden des Klassenzimmers.
Die Kinder stellen sich vor dem Hinkelkasten hintereinander auf. Der Reihe nach hüpft jedes Kind auf einem Bein vom ersten bis zum letzten Kästchen und zählt dabei von 1 bis 10.
Der Lehrer kann die Zahlen in die Kästchen hineinschreiben oder -kleben.
Falls einige Kinder nicht sicher beim Zählen sind, helfen alle Kinder mit und sprechen die Zahlen im Chor.

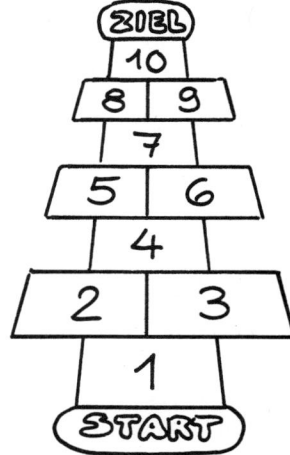

Gedankenreise

Ziel: Die Kinder erproben räumliches Denken und ihre Imaginationen.

Anleitung:
Die Kinder sitzen auf dem Boden im Kreis, legen ihre Arme auf die Knie und den Kopf auf die Arme. Sie können auch an ihrem Platz bleiben, die Arme auf den Tisch legen und den Kopf hineinlegen.
Der Lehrer spricht langsam und mit kleinen Pausen die Gedankenreise. Dazu muss der folgende Text an die Räumlichkeiten des Schulgebäudes angepasst werden.

„Atme tief durch. Ein und aus. Ein und aus. Du bist ganz entspannt. Du stehst in Gedanken von deinem Platz auf und gehst zur Tür. Du öffnest die Tür, gehst hinaus und biegst nach links ab. Du gehst den Flur entlang bis zur Treppe. Du gehst die Treppe hinunter und biegst rechts in den Flur ein. Du zählst die Türen und öffnest die dritte Tür auf der linken Seite. In welchem Raum bist du?"

Anschließend erzählen die Kinder, in welchem Raum sie angekommen sind.

Die fünf Kühe

Ziel: Die Kinder lernen Ordnungszahlen kennen, wenden sie an und vertiefen ihre Freude am Spiel.

Anleitung:
Der Lehrer spricht den folgenden Text und zeigt mit den Fingern jeweils die genannte Ordnungszahl. Die Kinder sprechen den Text nach und zeigen ebenfalls das richtige Fingerbild.

> Der Sepp hat fünf Kühe auf einer Wiese,
> berichtet von ihnen nun seiner Liese:
> „Die erste, die ist schwarzweiß gefleckt.
> Die zweite, die ist farbig gescheckt.
> Die dritte, die ist schwarz wie die Nacht.
> Die vierte, vor der nimm dich besser in Acht.
> Sie rennt oft wie wild durch den Klee.
> Die fünfte, die ist weiß wie der Schnee."
> Sprich mir alles nach und ganz ohne Mühe.
> Jetzt weißt du genug über seine fünf Kühe.
>
> (Edelgard Moers)

Zehn gute Freunde habe ich

Ziel: Die Kinder lernen die Zahlenreihe von 1 bis 10 sowohl vorwärts als auch rückwärts und entwickeln die Freude am Spiel weiter.

Anleitung:
Zehn Kinder werden ausgewählt. Sie stellen sich in einer Reihe nebeneinander auf. Ein weiteres Kind stellt sich ihnen gegenüber, zählt die Kinder und spricht dann den folgenden Vers. Wenn in jeder Strophe ein Freund plötzlich „verschwindet", setzt sich das in der Reihe zu dieser Zeit ganz rechts stehende Kind leise auf seinen Platz, sodass immer nur so viele Kinder in der Reihe nebeneinander stehen, wie der Text vorgibt. Bei der letzten Strophe kommen die neun „verschwundenen" Freunde wieder zurück und stellen sich wie zu Beginn des Spiels in einer Reihe nebeneinander auf. Das gegenüberstehende Kind zählt zur Kontrolle noch einmal nach.

Beim ersten Durchgang erklärt der Lehrer den Kindern das Spiel und übernimmt die Rolle des gegenüberstehenden Kindes. Nach und nach sprechen die Kinder den Text selbst und der Lehrer hilft bei Bedarf.

Edelgard Moers: Spiele für Erstklässler
© Auer Verlag

Zehn gute Freunde habe ich.
Und diese zehn, die mögen mich.
Doch einer wollt niemals die Fehler bereu'n.
Und plötzlich, da waren es nur noch neun.

Neun gute Freunde habe ich.
Und diese neun, die mögen mich.
Doch einer hat neulich viel Blödsinn gemacht.
Und plötzlich, da waren es nur noch acht.

Acht gute Freunde habe ich.
Und diese acht, die mögen mich.
Doch einer musste sich gestern verlieben.
Und plötzlich, da waren es nur noch sieben.

Sieben gute Freunde habe.
Und diese sieben mögen mich.
Doch einem begegnete morgens die Hex'.
Und plötzlich, da waren es nur noch sechs.

Sechs gute Freunde habe ich.
Und diese sechs, die mögen mich.
Doch einer vergaß immer wieder die Strümpf'.
Und plötzlich, da waren es nur noch fünf.

Fünf gute Freunde habe ich.
Und diese fünf, die mögen mich.
Doch einer, der teilte nicht gerne mit mir.
Und plötzlich, da waren es nur noch vier.

Vier gute Freunde habe ich.
Und diese vier, die mögen mich.
Doch einer riss meinen Papierhut entzwei.
Und plötzlich, da waren es nur noch drei.

Drei gute Freunde habe ich.
Und diese drei, die mögen mich.
Doch einer aß zu viel Gemüse mit Brei.
Und plötzlich, da waren es nur noch zwei.

Zwei gute Freunde habe ich.
Und diese beiden mögen mich.
Doch einer, der wurde jeden Tag kleiner.
Und plötzlich, da war es nur noch einer.

Einen guten Freund habe ich.
Und dieser eine mag auch mich.
Doch wir wollten alle so gern wiederseh'n.
Und plötzlich, da waren es wieder zehn.

(Edelgard Moers)

Edelgard Moers: Spiele für Erstklässler
© Auer Verlag

Der Größe nach

Ziel: Die Kinder werden für unterschiedliche Größen sensibilisiert und ordnen sich selbst entsprechend ein.

Anleitung:
Alle Kinder versuchen gemeinsam, sich der Größe nach in einer Reihe aufzustellen. Links kann das kleinste Kind und rechts das größte Kind stehen.
Wenn die drei kleinsten Schüler feststehen, können diese den anderen beim Aufstellen helfen und sich zum Schluss an ihre Plätze in der Reihe stellen.

Maß nehmen

Ziel: Die Kinder werden für unterschiedliche Größen sensibilisiert und ordnen sich selbst ein.

Anleitung:
Die Kinder stellen ihre Schuhe nebeneinander. Sie versuchen gemeinsam, sie nach der Schuhgröße zu ordnen und in eine lange Reihe zu stellen. Links kann das kleinste Paar und rechts das größte Paar angeordnet werden.

Bewegungsspiele für Klassenzimmer, Sporthalle oder Schulhof

Die Schlange schlängelt sich

Ziel: Die Kinder entwickeln ihre Koordination und ihr Körpergefühl sowie ihren Gemeinschaftssinn weiter.

Anleitung:
Alle Kinder fassen sich an den Händen und bilden eine lange Schlange. Ein Kind bildet den Kopf der Schlange und führt alle an. Die Schlange schlängelt sich zunächst durch den Raum und geht dann auch zwischen zwei Kindern unter den Händen hindurch. Die Hände dürfen nicht losgelassen werden. Das kann mehrmals nacheinander geschehen. Die Schlange darf sich nur nicht verknoten. Dann ist das Spiel zu Ende.

Slalom laufen

Ziel: Die Kinder erweitern ihre Koordinationsfähigkeit und ihr Gemeinschaftsgefühl.

Anleitung:
Die Kinder stellen sich in einer Reihe hintereinander auf, lassen aber zwischen den einzelnen einen Abstand, sodass ein Kind ohne Berührung gut durch die Lücken laufen kann.
Das letzte Kind in der Reihe läuft auf ein Zeichen hin im Slalom durch die Reihe der Kinder hindurch und bleibt vorne stehen. Dann darf das nun letzte Kind mit seinem Slalomlauf beginnen und wiederum vorne stehenbleiben. Wenn alle Kinder einmal gelaufen sind, ist der Durchgang zu Ende.

Brückenlauf

Ziel: Die Kinder erweitern ihre Koordinationsfähigkeit und ihr Gemeinschaftsgefühl.

Anleitung:
Immer zwei Kinder stellen sich gegenüber auf und halten sich bei schräg nach oben ausgestreckten Armen an den Händen fest, sodass ein langer Durchgang entsteht. Die letzten beiden Kinder laufen durch den Gang und bilden vorne wieder eine „Brücke". Wenn alle Kinder einmal durch den Gang gelaufen sind, ist der Durchgang zu Ende.

Plumpsack

Ziel: Die Kinder entwickeln ihr Gemeinschaftsgefühl und ihre Reaktionsfähigkeit weiter.

Anleitung:
Für dieses Spiel wird ein kleiner Beutel oder ein Tuch benötigt.
Die Kinder stehen im Kreis. Ein Kind wird ausgewählt und stellt den Plumpsack dar, der hinter den Kindern im Kreis herumgeht und den Text mehrmals hintereinander singt. Die Kinder, die im Kreis stehen, dürfen sich nicht umdrehen. Wer dennoch guckt, bekommt einen Klopfer auf den Rücken, so wie es in dem Lied beschrieben wird.
Irgendwann lässt der Plumpsack das Tuch oder den kleinen Beutel hinter einem der Kinder fallen und geht, möglicherweise in schnellerer Geschwindigkeit, weiter hinter den Kindern im Kreis herum. Das Kind, hinter dem das Tuch oder der Beutel liegt, muss das Teil aufheben und den Plumpsack fangen.
Erreicht der Plumpsack nach einer Runde den Platz des vorher ausgewählten Kindes, ohne dass ihn dieses gefangen hat, darf er sich dorthin stellen und das Kind ist der neue Plumpsack.
Fängt das ausgewählte Kind den Plumpsack jedoch rechtzeitig, ruft es: „Eins, zwei, drei, ins faule Ei!" und der Plumpsack muss sich in die Kreismitte setzen und „schmoren". Auch dann spielt das Kind den neuen Plumpsack.

Plumpsack

Text und Komposition: Volksgut

Dreht euch nicht um, denn der Plump - sack geht um. Wer sich

um - dreht o - der lacht, wird was auf den Rü - cken gemacht.

Wenn Kinder in der Klasse sind, die nicht schnell laufen können oder körperliche Einschränkungen haben, kann der Satz „Eins, zwei, drei, ins faule Ei!" weggelassen werden. Stattdessen spielt der Plumpsack dann noch einmal eine Runde.
Der Text kann vom Plumpsack oder von allen Kindern gemeinsam gesungen oder gesprochen werden.

Edelgard Moers: Spiele für Erstklässler
© Auer Verlag

Im Gleichschritt

Ziel: Die Kinder erweitern ihre Koordinationsfähigkeit und ihr Gemeinschaftsgefühl.

Anleitung:
Die Kinder stellen sich dicht hintereinander in einer Reihe auf. Nun legen sie die rechte Hand auf die Schulter des Vordermanns. Dann bewegen sich alle im Gleichschritt nach vorne. Wenn es gut klappt, können sie den linken Arm gleichmäßig im Takt bewegen.

Blinde Kuh

Ziel: Die Kinder entwickeln ihre Freude am Spiel und ihren Gemeinschaftssinn weiter.

Anleitung:
Für dieses Spiel wird ein Tuch zum Verbinden der Augen benötigt.
Einem Kind werden mit dem Tuch die Augen verbunden. Die anderen Kinder laufen herum und ärgern die „Blinde Kuh". Sie rufen: „Blinde Kuh, fang mich doch!" und zupfen leicht an ihrer Kleidung. Wenn die „Blinde Kuh" ein Kind berührt hat oder festhalten kann, muss dieses Kind nun die Rolle der „Blinden Kuh" übernehmen. Wenn die „Blinde Kuh" nach zehn Minuten immer noch keinen Nachfolger hat, sollte sie trotzdem ausgewechselt werden.

Sackhüpfen

Ziel: Die Kinder erweitern ihre Koordinationsfähigkeit und die Freude am Spiel

Anleitung:
Für dieses Spiel werden Säcke in der Anzahl der mitspielenden Kinder benötigt. Die Säcke sollen den Schülern über die Taille reichen.
Die Kinder klettern jeweils in einen Sack, halten ihn mit den Händen fest und stellen sich zum Spiel nebeneinander in einer Reihe auf. Auf ein Zeichen hin hüpfen sie zu einem festgelegten Ziel. Wer zuerst am Ziel ankommt, hat gewonnen.

Zusammen über das Meer

Ziel: Die Kinder vertiefen ihr Körpergefühl, ihre Koordinationsfähigkeit und die Freude am gemeinsamen Spiel.

Anleitung:
Für dieses Spiel werden Teppichfliesen benötigt.
Das Spiel findet auf einem abgegrenzten Spielfeld
statt. Auf der einen Seite liegt „Europa" und auf der
gegenüberliegenden Seite „Amerika".
Die Kinder müssen über Teppichfliesen hüpfen, die
kleine rettende „Inseln" darstellen, bis sie schließlich zum anderen Kontinent gelangen.

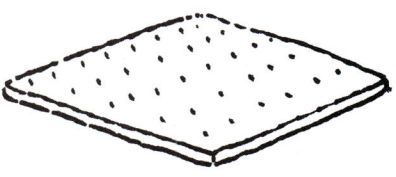

Es können mehrere Schwierigkeitsgrade eingebaut werden, z. B. indem die Regel
ergänzt wird, dass immer zwei Kinder zusammen auf eine Teppichfliese treten müssen,
oder indem die Abstände zwischen den Fliesen vergrößert werden.
Das Spiel ist zu Ende, wenn alle Kinder von Europa nach Amerika gelangt sind. Wer
ins „Wasser" getreten ist, muss nach „Europa" zurück. Beim nächsten Durchgang müssen die Kinder von Amerika nach Europa gelangen.

Den Knoten lösen

Ziel: Die Kinder denken strategisch und handeln geschickt. Sie halten bei allen Bewegungen die Gemeinschaft aufrecht.

Anleitung:
Für dieses Spiel werden vier bis fünf Seilchen benötigt.
Acht bis zehn Kinder stehen im Kreis. Es sollten nicht mehr sein, aber es muss eine ge-
rade Anzahl sein. Die jeweils gegenüberstehenden Kinder halten ein Seilchen mit einer
Hand fest. Auf ein akustisches Zeichen hin bewegen sich die Kinder über oder unter
den Seilchen umher. Auf ein Zeichen sollen sie gemeinsam durch genaues Schauen,
Überlegen und Diskutieren den Knoten wieder lösen. Die Seilchen dürfen sie dabei
nicht loslassen.

Die Kinder sollen den Knoten immer locker lassen, damit sie ihn gut lösen können.

Falls eine Klasse in zwei Gruppen geteilt wird, die das Spiel parallel durchführen, darf
es keinen Wettkampf geben, wer zuerst den Knoten gelöst hat.

Edelgard Moers: Spiele für Erstklässler
© Auer Verlag

Durch den Reifen

Ziel: Die Kinder entwickeln ihren Gemeinschaftssinn und ihre Koordination weiter.

Anleitung:
Für dieses Spiel wird ein Hula-Hoop-Reifen benötigt.
Die Kinder bilden einen Kreis und halten sich an den Händen. Der Lehrer nimmt an einer Stelle zwei Hände auseinander und setzt dort den Hula-Hoop-Reifen ein. Die Kinder sollen den Reifen so lange weiterreichen, bis er wieder an der gleichen Stelle angekommen ist. Dabei müssen alle Kinder nacheinander durch den Reifen klettern, ohne die Hände loszulassen.

Hänsel und Gretel

Ziel: Die Kinder spielen in der Gruppe den Inhalt des Liedes „Hänsel und Gretel" nach und entwickeln ihr Gemeinschaftsgefühl weiter.

Anleitung:
Der Lehrer erzählt den Kindern das Märchen von Hänsel und Gretel.
Die Kinder üben im Vorfeld den Liedtext und können ihn während des Spiels singen.

Die Kinder stellen sich in einem Kreis auf. Sie legen gemeinsam die Rollen für Hänsel, Gretel und die Hexe fest. Zwei Kinder stellen sich gegenüber, halten sich an den schräg nach oben gehaltenen Händen fest und bilden so ein Haus.
Nun singen die Kinder gemeinsam das Lied. Am Ende der dritten Strophe klatschen alle Kinder beim Singen.
Hänsel, Gretel und die Hexe führen die Handlungen aus, die im Lied beschrieben werden.
Das Spiel ist zu Ende, wenn alle Strophen gesungen worden sind.

Das Spiel kann mehrmals hintereinander gespielt werden. Bei jedem Durchgang werden die Rollen neu verteilt, sodass jeder einmal eine Rolle übernimmt.

Hänsel und Gretel

Text/Musik: Volkslied

1. Hän - sel und Gre - tel ver - irr - ten sich im Wald,
es war schon fin - ster und drau - ßen bit - ter - kalt. Sie
ka - men an ein Häus - chen von Pfef - fer - ku - chen fein:
Wer mag der Herr wohl von die - sem Häus - chen sein?

2. Siehe, da schaut eine alte Hexe raus,
   sie lockt die Kinder ins Pfefferkuchenhaus.
   Sie stellte sich gar freundlich,
   o Hänsel, welche Not!
   Sie will ihn braten
   im Ofen braun wie Brot.

3. Und als die Hexe zum Ofen schaut hinein,
   wird sie gestoßen von unserm Gretelein.
   Die Hexe musste braten,
   die Kinder geh'n nach Haus.
   Nun ist das Märchen
   von Hans und Gretel aus.

Edelgard Moers: Spiele für Erstklässler
© Auer Verlag

Dornröschen war ein schönes Kind

Ziel: Die Kinder spielen in der Gruppe den Inhalt des Liedes „Dornröschen war ein schönes Kind" nach und entwickeln ihr Gemeinschaftsgefühl weiter.

Anleitung:
Der Lehrer erzählt den Kindern das Märchen von Dornröschen.
Die Kinder üben im Vorfeld den Liedtext und können ihn während des Spiels singen.

Die Kinder stellen sich in einem Kreis auf und halten sich an den Händen fest. Sie legen gemeinsam die Rollen für Dornröschen, die böse Fee und den Königssohn fest. Dornröschen setzt sich in die Mitte des Kreises.
Nun singen die Kinder gemeinsam das Lied und führen dabei folgende Handlungen aus:

- 1. Strophe: Die Kinder drehen sich im Kreis rechts herum.
- 2. Strophe: Die Kinder bleiben stehen und warnen Dornröschen mit dem Zeigefinger.
- 3. Strophe: Die Fee kommt zu Dornröschen in die Kreismitte.
- 4. Strophe: Die böse Fee steht noch immer in der Kreismitte. Sie kann die Strophe allein singen und dabei dem Dornröschen mit dem Zeigefinger drohen. Die Kinder im Kreis drehen sich währenddessen um die eigene Achse und halten sich die Augen zu. Am Ende der Strophe legt sich Dornröschen mit geschlossenen Augen in der Kreismitte auf den Boden. Nach der Strophe verlässt die böse Fee die Kreismitte.
- 5. Strophe: Die Kinder im Kreis halten sich wieder an den Händen. Sie gehen einige Schritte vor bis zur Kreismitte und heben dann die Arme hoch.
- 6. Strophe: Der Königssohn kommt zu Dornröschen in die Kreismitte. Die Kinder im Kreis gehen wieder einige Schritte zurück.
- 7. Strophe: Der Königssohn steht noch immer in der Kreismitte. Er kann die Strophe allein singen. Die Kinder im Kreis stehen und klatschen beim Singen in die Hände. Am Ende der Strophe schlägt Dornröschen die Augen auf und setzt sich hin.
- 8. Strophe: Dornröschen steht auf und nimmt den Königssohn an der Hand. Immer zwei Kinder, die im Kreis nebeneinanderstehen, haken sich zuerst rechts ein und drehen sich gemeinsam. Dann haken sie sich links ein und drehen sich gemeinsam.

Das Spiel ist zu Ende, wenn alle Strophen gesungen worden sind.

Das Spiel kann mehrmals hintereinander gespielt werden. Bei jedem Durchgang werden die Rollen neu verteilt, sodass jeder einmal eine Rolle übernimmt.

Dornröschen war ein schönes Kind

Text/Musik: Volkslied

1. Dorn - rös - chen war ein schö - nes Kind, schö - nes Kind, schö - nes Kind, Dorn - rös - chen war ein schö - nes Kind, schö - nes Kind.

2. Dornröschen nimm dich ja in Acht, ja in Acht, ja in Acht.
   Dornröschen nimm dich ja in Acht, ja in Acht.

3. Da kam die böse Fee herein, Fee herein, Fee herein.
   Da kam die böse Fee herein, Fee herein.

4. „Dornröschen, schlafe hundert Jahr', hundert Jahr', hundert Jahr'.
   Dornröschen, schlafe hundert Jahr', hundert Jahr'."

5. Da wuchs die Hecke riesengroß, riesengroß, riesengroß.
   Da wuchs die Hecke riesengroß, riesengroß.

6. Da kam ein junger Königssohn, Königssohn, Königssohn.
   Da kam ein junger Königssohn, Königssohn.

7. „Dornröschen, wache wieder auf, wieder auf, wieder auf.
   Dornröschen, wache wieder auf, wieder auf."

8. Da feierten sie das Hochzeitsfest, Hochzeitsfest, Hochzeitsfest.
   Da feierten sie das Hochzeitsfest, Hochzeitsfest.

Edelgard Moers: Spiele für Erstklässler
© Auer Verlag

Kommt ein Reitersmann daher

Ziel: Die Kinder spielen in der Gruppe den Inhalt des Liedes nach und entwickeln ihr Gemeinschaftsgefühl weiter.

Anleitung:
Der Lehrer erzählt den Kindern das Märchen vom König Drosselbart. Unbekannte Wörter wie Röcklein oder Wams werden geklärt. Das Spiellied ist an das Märchen angelehnt und wird im Vorfeld mit den Kindern eingeübt.

Für das Spiel stellen sich die Schüler in einem Kreis auf, legen gemeinsam die Rollen für Liese, den Reitersmann, den Kaufmannssohn, das Schneiderlein und den Schweinehirten fest und singen gemeinsam das Lied.

Dazu machen sie Bewegungen, die im Lied beschrieben werden:
- Zuerst läuft der Reitersmann im Kreis herum, dann verneigt er sich vor Liese.
- Liese weist den Reitersmann, den Kaufmannssohn und das Schneiderlein ab, indem sie den Kopf schüttelt oder die Hand hin- und herbewegt.
- Bei der Strophe „Liese wartet Jahr um Jahr …" lässt Liese den Kopf traurig hängen.
- Mit dem Schweinehirten Jochen Christoph Stoffel tanzt Liese zum Schluss in der Mitte des Kreises.

Kommt ein Reitersmann daher

Text/Musik: Volkslied

1. Kommt ein Rei-ters-mann da-her auf der grü-nen Wie-se, hat ein bun-tes Röck-lein an, neigt sich vor der Lie-se: „Jung-fer, schön-ste Jung-fer mein, tan-zen wir ein we-nig?" „Mag nicht tan-zen, dan-ke-schön, wart auf ei-nen Kö-nig."

2. Kommt ein Kaufmannssohn daher
auf der grünen Wiese,
hat ein Wams von Seide an,
neigt sich vor der Liese:
„Jungfer, schönste Jungfer mein,
tanzen wir ein wenig?"
„Mag nicht tanzen, danke schön,
wart auf einen König."

3. Kommt ein Schneiderlein daher
auf der grünen Wiese,
hat ein grünrot Röcklein an,
neigt sich vor der Liese:
„Jungfer, schönste Jungfer mein,
tanzen wir ein wenig?"
„Mag nicht tanzen, danke schön,
wart auf einen König."

4. Liese wartet Jahr um Jahr
auf der grünen Wiese,
doch kein König kommen mag,
keiner spricht zur Liese:
„Jungfer, schönste Jungfer mein,
tanzen wir ein wenig?"
„Ach, wie wär das Tanzen schön,
wär's auch grad kein König."

5. Kommt der Schweinehirt daher,
Jochen Christoph Stoffel,
hat nicht Schuh noch Strümpfe an,
trägt nur Holzpantoffel.
„Jungfer, schönste Jungfer mein,
tanzen wir ein wenig?"
Und der Stoffel tanzt mit ihr,
mit der stolzen Liese.

Die vier Freier können die Aufforderung zum Tanzen allein singen. Auch Liese kann ihre Antwort allein singen. Bei der letzten Strophe, wenn Liese und der Schweinehirt tanzen, klatschen alle Kinder.
Das Spiel ist zu Ende, wenn alle Strophen gesungen worden sind.

Das Spiel kann mehrmals hintereinander gespielt werden. Bei jedem Durchgang werden die Rollen neu verteilt, sodass jeder einmal eine Rolle übernimmt.

Topfschlagen

Ziel: Die Kinder entwickeln ihre Wahrnehmungsfähigkeit und ihr Gemeinschaftsgefühl weiter.

Anleitung:
Die Kinder sitzen im Kreis. Einem Kind werden die Augen mit einem Tuch verbunden. Dann wird ein Topf in den Kreis gestellt und darunter eine kleine Süßigkeit gelegt. Der Topf darf nicht mehr verschoben werden. Das „blinde" Kind bekommt einen Kochlöffel in die Hand. Seine Aufgabe ist es, den Topf zu finden und auf ihn zu schlagen. Die Kinder, die im Kreis sitzen, müssen dem „blinden" Kind Tipps geben, wie weit der Topf noch entfernt ist und ob es sich in die richtige Richtung bewegt, indem sie „kalt", „warm" oder „heiß" sagen. Wenn das „blinde" Kind den Topf gefunden hat und auf ihn schlägt, darf es das Tuch abnehmen und die Süßigkeit essen. Danach ist ein anderes Kind an der Reihe.

Edelgard Moers: Spiele für Erstklässler
© Auer Verlag

Rote Kirschen ess' ich gern

Ziel: Die Kinder vertiefen ihre Freude an der Gemeinschaft und am Spiel.

Anleitung:
Die Kinder stehen im Kreis und halten sich an den Händen fest. Ein Schüler geht außen um den Kreis herum, während alle Kinder zusammen das Gedicht sprechen. An der Stelle „Hier wird Platz gemacht" tippt der Schüler die Hände von zwei Kindern an, die daraufhin den Kreis öffnen. Der Schüler geht in den Kreis hinein, an der gegenüberliegenden Seite möglicherweise wieder hinaus und dann noch einmal hinein. Zuletzt bleibt er im Kreis und wählt ein Kind aus. Dieses nimmt er an die Hand und wiederholt mit ihm zusammen das Spiel. So wird das Gedicht mehrere Male zusammen gesprochen, während immer mehr Kinder mit dem Schüler mitgehen. Das kann so lange wiederholt werden, bis nur noch so wenige Kinder übrig sind, dass kein Kreis mehr gebildet werden kann.

> Rote Kirschen ess' ich gern,
> schwarze noch viel lieber.
> In die Schule geh' ich gern
> alle Tage wieder.
> Hier wird Platz gemacht
> für die jungen Schüler!
> Sitzt ein Kuckuck auf dem Dach,
> kommt der Regen, macht ihn nass,
> kommt der liebe Sonnenschein:
> Dieses Kind nun soll es sein.

Eingefroren

Ziel: Die Kinder lernen, auf ein Signal zu reagieren und erweitern ihre Freude am gemeinsamen Spiel.

Anleitung:
Für dieses Spiel wird ein CD-Player mit Musik benötigt.
Während die Musik läuft, bewegen sich die Kinder frei dazu: Sie können laufen, rennen oder auch Tanzbewegungen machen.
Sobald die Musik stoppt, müssen die Kinder in ihrer Bewegung „einfrieren" und so lange still verharren, bis die Musik wieder spielt.
Der Lehrer prüft, ob tatsächlich alle Kinder „eingefroren" sind. Bewegt sich ein Kind, scheidet es aus und setzt sich leise hin.
Es können so viele Durchgänge gespielt werden, bis kein Kind mehr übrig ist.

Edelgard Moers: Spiele für Erstklässler
© Auer Verlag

Im Zauberwald

Ziel: Die Kinder vertiefen ihre Koordinationsfähigkeit, ihre Kreativität und ihre Freude am gemeinsamen Spiel.

Anleitung:
Der Lehrer legt ein Spielfeld fest. Die Kinder teilen sich in zwei Gruppen.
Eine Gruppe stellt den Zauberwald dar und verteilt sich auf dem Spielfeld: Einige Kinder stellen sich als Bäume auf, zwei Kinder bilden zusammen ein Knusperhäuschen und ein Kind bewegt sich als Elfe im Zauberwald.
Die Kinder der anderen Gruppe stellen sich an einer Seite des Spielfeldes auf. Ihr Ziel ist es, auf die gegenüberliegende Seite zu gelangen. Auf ein Signal hin laufen sie los. Dabei müssen sie sich vorsichtig durch den Zauberwald bewegen und dürfen nichts berühren. Wer einen Baum, das Knusperhäuschen oder die Elfe berührt, muss wieder an die Startseite zurück.
Im nächsten Durchgang tauschen die beiden Gruppen ihre Rollen.

Mutter, Mutter, wie weit darf ich gehen?

Ziel: Die Kinder vertiefen ihre Freude am Spiel und ihr Gemeinschaftsgefühl.

Anleitung:
Ein Kind wird als „Mutter" ausgewählt und stellt sich an eine Seite des Spielfelds. Ihr gegenüber stehen die anderen Kinder.
Nacheinander ruft jedes Kind: „Mutter, Mutter, wie weit darf ich gehen?" Die „Mutter" bestimmt selbst, wie viele Schritte das Kind gehen darf und ruft es zurück, z. B. „drei Schritte" oder „einen großen Schritt" oder „drei Trippelschritte" oder „einen Riesenschritt" oder „einen Mauseschritt".
Das Kind, das zuerst die Seite der „Mutter" erreicht hat, löst sie ab.

Edelgard Moers: Spiele für Erstklässler
© Auer Verlag

Marionetten in Bewegung

Ziel: Die Kinder reagieren auf Anweisungen und entwickeln ihre Wahrnehmungs- und Sozialkompetenz weiter.

Anleitung:
Jeweils zwei Kinder bilden ein Paar. Ein Kind spielt den Puppenspieler und das andere die Puppe. Die Puppe drückt die Knie durch und steht zunächst steif auf ihrem Platz. Der Puppenspieler zieht an imaginären Fäden über der Puppe. Die Puppe muss nun wie eine Marionette den Arm heben oder andere Bewegungen vollziehen, je nachdem, über welchem Körperteil der Puppe der Puppenspieler einen Faden zieht.
Ein Durchgang dauert drei Minuten. Dann werden die Rollen gewechselt.

Dreibeinlauf

Ziel: Die Kinder nehmen aufeinander Rücksicht und vertiefen ihre Freude am Spiel.

Anleitung:
Für dieses Spiel werden Klettbänder, lange Tücher oder Schals benötigt, mit denen die benachbarten Unterschenkel der Schülerpaare zusammengebunden werden können. Der Lehrer kennzeichnet die Laufstrecke.
Jeweils zwei Kinder bilden ein Paar und stellen sich nebeneinander. Der Lehrer bindet die Unterschenkel der benachbarten Beine zusammen, sodass alle Paare „drei" Beine haben.
Nun laufen die Paare um die Wette. Gewonnen hat das Paar, das als Erstes im Ziel angekommen ist.

Der Tanz der Tiere

Ziel: Die Kinder nehmen bewusst ihren Körper war, bewegen sich frei nach ihren Vorstellungen und erweitern ihre Wahrnehmungs- und Ausdruckskompetenz.

Anleitung:
Für dieses Spiel wird Entspannungsmusik benötigt.
Der Lehrer schaltet die Musik an. Währenddessen imitieren die Kinder Tiere und bewegen sich wie diese frei im Raum, z. B.:
* Sie gehen wie ein Frosch in die Hocke und hüpfen.
* Sie hoppeln wie ein Häschen.
* Sie laufen wie ein Hund auf allen Vieren.
* Sie gehen wie ein Vogel auf Zehenspitzen und schlagen mit den Armen die Flügel.
* Sie fassen sich mit einer Hand an die Nase, stecken den anderen Arm durch die „Öffnung" und wackeln mit ihrem „Rüssel" wie ein Elefant.

Edelgard Moers: Spiele für Erstklässler
© Auer Verlag

Das Spiel dauert fünf Minuten.
Die Bewegungen können auch ohne Musik durchgeführt werden.
Die Kinder erzählen anschließend, welches Tier sie dargestellt haben, woran es erkennbar gewesen ist und warum sie sich dafür entschieden haben. Im nächsten Durchgang können die Kinder wieder ein neues Tier imitieren.

Fischer, Fischer, wie tief ist das Wasser?

Ziel: Die Kinder finden sich als Gemeinschaft zusammen und imitieren unterschiedliche Bewegungen.

Anleitung:
Der Lehrer legt ein Spielfeld fest.
Ein Kind ist der Fischer und steht am einen Ende des Spielfeldes.
Die anderen Kinder stehen am anderen Ende des Spielfeldes.
Die Kinder fragen: „Fischer, Fischer, wie tief ist das Wasser?".
Der Fischer antwortet etwas, z. B.: „100 Meter tief."
Die Kinder fragen: „Wie kommen wir darüber?".
Der Fischer ruft den Kindern eine Bewegungsanweisung zu, z. B.: „Hüpft auf einem Bein!".
Dann hüpfen die Kinder auf einem Bein auf die Seite des Fischers.
Alle Kinder, die der Fischer berührt hat, sind nun seine Helfer.
Das Kind, das als Letztes noch nicht vom Fischer berührt worden ist, darf nun selbst Fischer sein.
Weitere Bewegungsanweisungen sind z. B.: „Lauft auf allen Vieren!", „Hüpft wie ein Frosch!" oder „Rennt!".

Edelgard Moers: Spiele für Erstklässler
© Auer Verlag

Die Raupe

Ziel: Die Kinder entwickeln ihre Koordination, ihr Gemeinschaftsgefühl und das Vertrauen zu den anderen weiter.

Anleitung:
Die Kinder gehen hintereinander in einer Reihe auf Hände und Knie. Das vorderste Kind bildet den Kopf der Raupe und führt die anderen. Die anderen Kinder fassen mit beiden Händen die Füße oder Unterschenkel ihres Vordermannes an. Nun laufen alle als „Raupe" durch den Raum. Im nächsten Durchgang ist ein anderes Kind der Kopf.

Eierlaufen

Ziel: Die Kinder erweitern ihre Geschicklichkeit, das Gemeinschaftsgefühl und ihre Freude am Spiel.

Anleitung:
Für dieses Spiel werden Löffel sowie kleine Bälle benötigt.
Der Lehrer kennzeichnet ein Spielfeld. Alle Kinder stehen an einer Seite und halten in einem Löffel einen kleinen Ball. Ziel ist es, möglichst schnell die andere Seite des Spielfeldes zu erreichen, ohne dass der Ball vom Löffel fällt.
Auf ein Signal hin laufen alle Kinder los und balancieren dabei den Ball auf ihrem Löffel wie ein rohes Ei. Wenn der Ball herunterfällt, muss das Kind an die Startseite zurück.
Wer als Erster im Ziel ist, hat gewonnen.

Alle auf einem Bein

Ziel: Die Kinder entwickeln ein Gemeinschaftsgefühl und Vertrauen zu den anderen.

Anleitung:
Alle Kinder stehen nebeneinander auf einem Bein und halten sich aneinander fest. Sie versuchen, von der einen Seite des Raums zur anderen zu hüpfen, ohne das Gleichgewicht zu verlieren.

Parcours

Ziel: Die Kinder erweitern ihre Koordinationsfähigkeit und ihre Freude am Spiel.

Anleitung:
Die Kinder bauen mit Sportgeräten oder Möbeln, die sie selbst tragen und schnell bewegen können, einen Parcours, auf dem sie laufen oder balancieren können, ohne sich zu verletzen oder in Gefahr zu geraten.
Sie können z. B. Stühle oder Bänke zum Balancieren aneinanderstellen, unterschiedliche Höhen zum Klettern gestalten oder Hindernisse zum Überspringen errichten.
Die Kinder stellen sich vor dem Parcours auf und laufen nacheinander – jeweils auf ein Signal hin – so schnell sie können bis zum Ziel.

Bäumchen, Bäumchen, verwechselt euch

Ziel: Die Kinder üben Schnelligkeit und Geschicklichkeit und entwickeln ihre Freude am Spiel weiter.

Anleitung:
Die Kinder gehen auf eine Obstwiese oder in ein kleines Waldstück. Jedes Kind stellt sich an einen Baum. Ein Kind ist der Sprecher. Es dreht sich von seinen Mitschülern weg und ruft: „Bäumchen, Bäumchen, verwechselt euch!" Die Mitschüler laufen währenddessen von ihren Bäumen weg und suchen einen anderen Baum, an dem sie stehen bleiben. Der Sprecher dreht sich, nachdem er den Satz gerufen hat, wieder zu seinen Mitschülern um. Wenn er Kinder entdeckt, die noch nicht einen anderen Baum erreicht haben, müssen diese zu ihm kommen.
Das Spiel wird so lange gespielt, bis nur noch ein Kind übrig ist. Dieses hat gewonnen und darf bei einem möglichen neuen Durchgang der Sprecher sein.

Kettenfangen

Ziel: Die Kinder entwickeln ihre Koordinationsfähigkeit und ihr Gruppengefühl weiter.

Anleitung:
Zwei Kinder sind die Fänger. Sie nehmen sich an die Hand, bilden eine kurze Kette und dürfen nur gemeinsam laufen. Die anderen Kinder laufen um die beiden herum und necken sie. Wenn die beiden ein anderes Kind berühren, muss sich dieses in die Kette einfügen und mithelfen, die anderen Kinder zu fangen. So geht es immer weiter und die Kette wird immer länger. Fangen können immer nur die beiden Kinder, die außen laufen. Die anderen Kinder haben keine Hand frei.
Das Spiel ist zu Ende, wenn nur noch zwei Kinder übrig sind. Diese bilden die nächste Kette und ein neuer Durchgang kann beginnen.

Edelgard Moers: Spiele für Erstklässler
© Auer Verlag

Ochs am Berge

Ziel: Die Kinder erweitern ihre Beweglichkeit, ihr Gemeinschaftsgefühl und ihre Freude am Spiel.

Anleitung:
Das Spiel findet auf einem abgegrenzten Spielfeld statt. Ein Kind wird als „Ochse" ausgewählt. Es steht mit dem Gesicht abgewandt an einer Wand, die den Berg symbolisieren soll. Die anderen Kinder stehen nebeneinander auf der gegenüberliegenden Seite des Spielfelds, d. h. im Tal.
Der Ochse ruft: „Ochs am Berge, eins, zwei, drei!" Während er ruft, bewegen sich die Kinder vorsichtig auf den Ochsen zu. Sobald sich der Ochse nach seinem Ruf umdreht, müssen die Kinder wie versteinert in der Bewegung verharren. Falls sich dennoch ein Kind bewegt, darf es der Ochse wieder an den Anfang zurückschicken.
Dies wird so lange wiederholt, bis es ein Kind schafft, die Wand bzw. den Berg des Ochsen zu erreichen. Dieses Kind hat gewonnen und darf in einem möglichen neuen Durchgang den Ochsen spielen.

Kreuz und quer über das Meer

Ziel: Die Kinder entwickeln ihre Wahrnehmung, ihre Empathiefähigkeit, ihre Rücksichtnahme und ihre Freude am Spiel weiter.

Anleitung:
Für dieses Spiel werden große Karten mit den Buchstaben „N", „O", „S" und „W" benötigt. Der Lehrer legt ein quadratisches Spielfeld fest, das das Meer darstellen soll. An allen vier Seiten deutet er einen Hafen an. Außerdem legt er die Buchstabenkarten „N", „O", „S" und „W", die die Himmelsrichtungen symbolisieren sollen, passend an die vier Seiten.
Die Kinder teilen sich in zwei Gruppen. Die eine Gruppe bildet zu zweit große Schiffe, die andere Gruppe bildet einzeln kleine Boote.
Für die großen Schiffe stehen sich zwei Kinder gegenüber und halten sich an den Händen fest. Sie sind auf dem großen Meer unterwegs und bewegen sich vom Hafen im Westen zum Hafen im Osten und wieder zurück, immer hin und her.
Die Kinder der anderen Gruppe verlassen einzeln als kleine Boote im Süden den Hafen und überqueren das Wasser, d. h. sie laufen in normalem Gehschritt auf die gegenüberliegende Seite im Norden zu.
Die kleinen Boote müssen den großen Schiffen ausweichen. Die großen Schiffe dürfen einen lauten Ton von sich geben, um die kleinen Boote zu warnen. Sie dürfen sich aber nicht hintereinander in einer Reihe aufstellen, sodass die kleinen Boote nicht durchkommen. Außerdem darf es keine Zusammenstöße geben. Die kleinen Boote müssen die großen Schiffe so geschickt umlaufen, dass sich niemand verletzt.
Wenn alle kleinen Boote im gegenüberliegenden Hafen angekommen sind, wechseln die Gruppen ihre Rollen.

Edelgard Moers: Spiele für Erstklässler
© Auer Verlag

Staffellauf

Ziel: Die Kinder vertiefen ihre Wahrnehmungs- und Reaktionsfähigkeit sowie die Freude am gemeinsam Spiel.

Anleitung:
Für dieses Spiel werden Hula-Hoop-Reifen benötigt.
Über das gesamte Spielfeld werden in der Form eines Hufeisens Hula-Hoop-Reifen im Abstand von etwa fünf Metern auf den Boden gelegt.
In jeden Reifen stellt sich ein Kind.
Die anderen Kinder stellen sich hintereinander in einer Reihe vor den ersten Reifen.
Das erste Kind läuft auf ein Signal hin los, klatscht dem Kind im ersten Reifen auf die Hand und stellt sich in den ersten Reifen. Das Kind, das bis dahin im ersten Reifen stand, läuft zum zweiten Reifen, klatscht dem Kind im zweiten Reifen auf die Hand und stellt sich in den zweiten Reifen.
So geht es immer weiter.
Wenn ein Kind am Ende des Hufeisens ankommt, stellt es sich am Ende der Reihe an.

Der Farbensammler ist unterwegs

Ziel: Die Kinder entwickeln ihre Wahrnehmung für Farben und ihr Gemeinschaftsgefühl weiter.

Anleitung:
Auf der einen Seite des Spielfelds steht der „Farbensammler". Auf der gegenüberliegenden Seite sind die anderen Kinder versammelt.
Die Kinder rufen: „Farbensammler, Farbensammler, welche Farbe möchtest du sehen?"
Der Farbensammler nennt eine Farbe, z. B. „Rot".
Dann wechseln der Farbensammler und die anderen Kinder die Spielfeldseite. Dabei versucht der Farbensammler, alle Kinder zu fangen, die nichts Rotes in ihrer Kleidung haben. Die gefangenen Kinder müssen mit dem Farbensammler mit auf seine Spielfeldseite gehen und ihm ab der nächsten Runde beim Fangen helfen.
Sind alle auf der anderen Seite angekommen, beginnt die nächste Runde. Der Farbensammler nennt nun eine andere Farbe und er und seine Helfer müssen die Kinder fangen, die nichts in dieser Farbe tragen.
Es wird so oft gespielt, bis nur noch ein Kind übrig ist. Dieses Kind ist bei einem möglichen neuen Durchgang der Farbensammler.